大展好書　好書大展
品嘗好書　冠群可期

大展好書　好書大展
品嘗好書・冠群可期

武學釋典 12

# 拳道述真

李玉栓　編著

大展出版社有限公司

著名武術家李雲龍

作者與李雲龍老師（左）在石家莊家中合影

作者與李雲龍之子、福貴師兄
（右）交流形意拳鷹形渾圓備
弓椿法三才式

2005年8月23日作者在包頭清淨寺墓前緬懷
師父在拳術勁力上的傳授

形意拳劈拳

形意拳鑽拳

形意拳崩拳

形意拳炮拳

形意拳横拳

形意拳龍形

形意拳虎形

形意拳蛇形

6

形意拳馬形

形意拳鷂形

形意拳雞形

形意拳燕形

形意拳駘形

形意拳鼉形

形意拳猴形

形意拳熊形

形意拳鷹形

形意拳熊形樁

形意拳三停襠

形意拳魁星樁

### 李玉栓

河北省石家莊市人，祖籍趙縣，生於1952年，大專文化、工程師。

自幼喜文樂武，花拳繡腿受益於父老鄉親。曾多方求師學藝，於1986年拜中國著名武術家、太極八卦名家、形意拳嫡傳第十二代傳人李雲龍爲師。李雲龍是李振邦（李洛能嫡孫）先生的高足，對形意、八卦、太極拳有很高造詣，達三拳合一、拳道相合之境。作者請李師在石家莊居家傳藝，對拳術抓、拿、踢、打、摔有全面系統的領悟和理解。得形意拳往返進退伸縮戳擊之能，「渾圓爭力、動中縮勁」以及「易骨、易筋、洗髓」之要竅；明八卦掌巧變之術，曉太極拳綿裏藏針之理。

著有集拳法精華的《形意拳體用功法學》一書，由山西科技出版社於2003年5月出版發行；集摔法精華的《拳道功學法》一書，由大展出版社有限公司於2006年5月出版發行。今又著集椿法精華的《拳道述眞》一書。將受之於師的拳法、摔法、椿法著述成書，堪稱武學的三部曲。

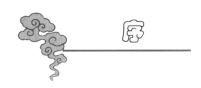

　　拳道雖曰武，但實爲智勇順成貴和之術。習武必通文，文讀武練，領悟文韜武略之妙用。曉拳道相合之理，方可窺見武學上乘之門，繼之可以易骨、易筋、洗髓，改變氣質而創造美，美之極方爲善，以達止戈爲武的道德敎化之境。

　　先父李雲龍一生酷愛武術，由於家境安康富裕，先後拜太極名家張欽林、王新午，八卦名家何雨波爲師學習太極八卦；爲得形意拳眞傳，拜嫡傳李振邦（李洛能之孫）爲師，居家傳藝四年之久。先父練拳達三拳合一，拳道相合之境。可謂形意加八卦神仙一把抓，形意加太極圓轉就戳擊。對「一陰一陽謂之道，變化莫測謂之神。反者道之動，弱者道之用。形之上者爲道，形之下者爲器。器乃弩矢也，弧矢之利以威天下」的道理運用純熟。

　　玉栓師弟是先父所傳弟子中的佼佼者。他天資聰穎，善學苦練，終日不輟，對椿法的提挈天地、把握陰陽、呼吸精氣、獨立守神、天地人渾然一體的道理所悟極深。站椿打拳神氣圓滿無虧，動作變化捷如猿豹，功力渾圓純正，動作手到勁發、具有穿透力。出手以虎撲見長，得先父形意拳捧奪撲撞虎力之眞傳；上下左右十字找勁，貴在

方法不在力使，得八卦龍行神變之法；接手引化拿發變化
於無形之中，得太極圓轉戳擊之妙，達三拳合一之境而名
不虛傳。

他忍辱戒妄不打誑語，善動好動而不輕動，從不用歹
毒之手，不傷人也從不被人所傷。決不以奸詐歹毒之心，
逞匹夫鬥雞之勇，體現了形意八卦太極拳的智勇順成貴和
之術的大拳風範。他牢記老師教誨的「藝不輕傳，武不善
作，功夫越大，修行越高。沒有德行，功夫不上身，一旦
上身也不會長久。要知止不殆，以免玩火自焚。善不積不
足以成名爲聖爲賢，惡不積不足以滅身爲邪爲怪。心地善
良，自添健康，德全不危之理」。

玉栓師弟先後著有《形意拳體用功法學》《拳道功法
學》，今又著《拳道述眞》一書，分別論述了拳道的體用
拳法、摔法和樁法，堪稱武學的三步曲，是不可多得的珍
貴資料。

他編著的武學書籍，重科學講現實，言辭風格樸實無
華，眞實不虛。從不挾神弄鬼以愚人，不借古挾重欺人自
欺，不以玄虛大話取悅於人。秉承「全信其書，不如無其
書；眞傳一句話，假傳萬卷書」的教誨，要在書籍是人類
進步的階梯上留言而嘉惠後學，特爲之作序。

李福貴

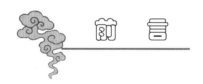

前言

　　文武之道，文爲實質，武爲現象，習武必通文。

　　拳道溯其本源，不脫《黃帝內經》「提挈天地，把握陰陽，呼吸精氣，獨立守神，肌肉若一」的椿法慢練入道之理。拳道的精華是「鑽裹踐、黏隨脫、走轉發、撕崩捅、走轉落空、耍圈抖圓、拍位戳擊」。

　　形意拳術、心方意圓，脫形拔意、心意合謙，以意動形、以形重意，意自心生、心隨意轉，動中縮勁、往返自然，渾圓爭力、心意要善。

　　形意拳的三步功夫、三種練法，即改變人體骨組織結構的易骨之功、筋腱騰起的易筋之功、至誠至善的敎化洗髓之功，均來源於天地人三才式椿法。

　　少林拳法的滾進滾出法、岳武穆的雙推掌，演變爲陰陽回環、內裏外翻而變化。身法四肢八節的撐裹鑽翻、順逆纏繞，掌心翻轉如纏絲螺旋黏隨脫發，都是「發一槍爲拳」的搖晃藏圓之術的演變，圓轉中變直發、直發中變圓轉，裹顧拍位戳擊。其法是猶如拿大槍「飛雲搖晃旋」的誠圓之術。八卦掌走邊門跨死角用的是欺人之法。

　　形意拳有正身上下起鑽落翻法及斬截裹胯、挑頂雲領的「鑽裹踐」之法。八卦掌有左右斜身法，一步三穿，以

及搬攔截扣、推託帶領的上左進右、上右進左的游身「走變發」趨避法。太極拳有「黏隨脫」控制勁力，以及掤、捋、擠、按、採、挒、肘、靠回環之法。少林拳有「滾進滾出」之術。跤術有「撕崩捅」的勾掛槓別之巧。

三拳三才非無因，陰陽配合天地人，若能悟透其中理，武術之中能超群。拳道用法十六字訣：「動中縮勁，機靈抖發，回環轉手，拍位戳擊。」正所謂「形意龍頭，太極腰，八卦龍尾一勢曉」。

《拳道述真》是形意、八卦、太極、少林、跤術的精華彙聚。其內容主要有拳道樁功概略、形意拳拳道要論、李雲龍老師《拳術秘要》解說、戚繼光拳經摘要以及三十二式用法解說、八翻手練法及技擊使用圖說。將形意拳的「鑽裹踐」、八卦掌的「走變發」、太極拳的「黏隨脫」、跤術的「撕崩捅」黏顫勁融於拳道之中。

拳法繁多，擇其精要者，不過是天地人三步，演龍行、馬奔、虎踐之能，練前後三點步而用之。五行拳是渾圓爭力功法的五種手法，五種手法也是「發一槍之變」的飛、雲、搖、晃、旋藏圓之術。

沒有樁法的渾圓、勁力，五行十二形空有架勢。所謂渾圓，是樁法慢練入道，天地人渾然一體，四肢八節向外有圓撐力，向內有合抱力。前手抱勾外撐，後手如握劍待發，兩肘手向外開展如壓縮彈簧和開弓。「蓄力如開弓，發勁如放箭」，講的就是渾圓爭力借力發勁。有功後可腳無定勢，步無定位，近身粘接、撐起挫根發力。足打七分手打三，五營四梢要合全，氣隨心意用，硬打直進無遮攔。三催六合也是以渾圓力做基礎，五行為一體，循圓球

的軌跡而動，合力學發打「點對」之巧。

劈崩鑽炮橫、直刺勾擺拋，雨打沉灰淨，風吹浮雲散，開合一氣變通而已。

要想拳練好，先把圈劃小，小到不見圈，藏圓用意之術才爲形意拳。

拳道各門手法，是初學者有爲有法必不可缺少的基礎拳法，也是成爲無爲大法的必經之道。是拳無拳，意無意，無意之中是眞意的依存手法。拳本無法先學法，無法即法最高法。拳道精華是以形意拳老三拳「鑽裹踐」，八卦掌「走變發」跨邊門走死角，太極拳的老三刀「黏隨脫」，摔打十法的「撕崩捅」共十二字訣言爲綱要。練就左右遊蕩離心力、向心力，吸化呼發的彈力，後足蹬地的反作用槓杆力、上下波浪力、回鉤前刺力，爭力借力之法，融於拳道的人體力學之中。氣自丹田吐，勁自足下發。運用純熟者可謂登至拳術的大成之道。

「書有龍虎姿，眞功字中藏」。此書在編寫過程中得到了李福貴、陳家樂、劉篤義、葉文平、劉文輝、戎志明、李景山、王銀錫等人的支持和幫助，在此表示感謝。由於水準所限，不足之處在所難免，敬請指正。

李玉栓

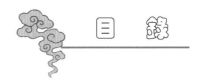

# 目　錄

# 第一章
# 椿 功 論

## 一、椿法通用論

中國拳術就像一棵參天大樹，主幹長出許多分枝，分枝好比各式各派的拳跤術運動。由於過去人們封閉保守，對拳跤術抓、拿、踢、打、摔運動缺乏全面系統地瞭解，很難達到「一是一切，一切是一」的境界，而嚴守師門，分門別派封閉練習，自以為是，相互詆毀爭鬥，孰不知鍛鍊人體四肢八節必須符合陰陽變化規律和人體力學。

以椿功為基礎壯丹田壯筋骨，以拳法練協調為應用，以站椿行氣養生延年為本源，不作技擊之末。拳經曰：「精養靈根氣養神，養功養道見天真，丹田養就長命保，萬兩黃金不與人。」椿法有功可謂熔一金而鑄萬物。

「提挈天地，把握陰陽，呼吸精氣，肌肉若一，恬淡虛無，真氣從之」，「行則深，深則固，固則萌，天幾椿在上，地幾椿在下，順則生，逆則死」，都是古代以文字描述站椿行氣的記載。

拳道以樁功作為易骨易筋之法，以改善人體的骨組織密度，使其增大支撐強度和震彈力。樁功俗稱為裝桶子勁，練樁功能使筋骨強壯，丹氣充沛，四肢八節靈活有力。拳、跤術運動奧妙之根本，相同無異，可謂「不二法門」是也。

少林拳為滾進滾出法，形意拳正身法，八卦掌斜身法，太極拳轉身法，跤術為擰身法。正斜轉擰乃一勢之變，外形內意用心意摧動全身的太極兩儀、八節八卦，無所謂形意、八卦、太極、少林、跤術之分。

常言道：「拳無跤藝不高，跤無拳藝不全，拳加跤武藝高。」打法用的鑽裏踐、摔法用的撕崩捅，拳有五行生剋，跤有十法相演。抓拿踢打摔，拳跤一體，打摔一勢的基本功均是樁拳功。

形意拳正身法為天地人三才之用，八卦掌斜走正用，太極拳以陰陽虛實兩儀變化為綱諦。正所謂形意八卦太極拳，陰陽暗合一圈含，言直言變言空妙，真實工夫須下到。大圓小圓和藏圓，圈圈戳擊不見圓，以達到「擰裏鑽翻圓中銳，粘連黏隨柔中剛」為極致。有樁無拳不靈活，有拳無樁輕浮多。樁拳相變隨意練，靜者為樁動則為拳，以體會樁法慢練入道之妙。

形意拳樁拳法歌訣如下：

樁如砥石靜如山，五拳變化勢無窮；
起手鷹空龍飛躍，猛虎抱頭守洞中；
猿猴攀跳等閒視，游鼉架浪八面行；
雄雞爭鬥虛實靈，烈馬奔騰躋蹄功；

飛燕取水輕穩妙，鷂束雙翅側身靈；
駘馬崩撞臀尾坐，蛇貫曲折撥草行；
鷹抓狡兔施爪技，黑熊豎項禦敵攻；
撐裹鑽翻圓中銳，粘連黏隨柔中剛；
拍位戳擊回環用，簡要說明樁拳功。

## 二、熊鷹兩儀樁法

### （一）熊形渾圓樁（圖1-1）

　　形意拳熊形渾圓樁，下勢蹲身，雙手握固，意注手臂大小筋骨，呼吸歸丹，空胸實腹，頭頂項豎，舌頂齒叩，穀道內提氣輪轉，疼痛難忍堅持練，渾然一體得自然，久

圖1-1　熊形渾圓樁

站得渾圓之氣後（猶如渾身長刺），發人有觸電之感。

所謂渾圓，就是頭頂百會穴朝天，足下湧泉穴通地，連接天地使天地人渾然一體，體會天為一大天，人為一小天的感受。

豎項頭上頂，背上拔，臀尾下坐，兩臂合抱成圓，內力外撐內抱，意注手臂的大小筋骨，足下前三後七的勁力分配要有靈空之感。

根據個人體力情況，靈活掌握雙足交換練習，是椿法慢練入道的手段之一，最後達到丹氣充沛，氣充血融，血融骨實，起到易骨的作用。久站可使心身安泰，腳心懸空落地有根，手的扣拿力如鋼鉤。

此椿為形意拳的重要基本椿法，學者不可輕視。拳經云：熊鷹兩儀，取法為拳，陰陽暗合，形意之源。

## （二）鷹形三體式椿（圖1-2）

萬法出於三體式。練形意拳三體式，不能呆滯僵站，要用意慢練入道。其用意調陰陽動虛實，用意藏圓纏繞、拍位戳擊，用意動步游身、摧動四肢八節八掛（卦）變手而用。椿法是拳法的精縮之形，由一變萬為拳法，由萬歸一為椿法，往復變化最後通歸虛無，達致「拳無拳意無意，無意之中是真意」的無為而致的高級境界。

知此，形意拳精華可縮為一個三體式，太極拳可縮為一個攬紮衣，八卦掌可縮為一個單換掌，都是椿功拳，椿拳相變應用於「擰裹鑽翻圓中銳，粘連黏隨柔中剛」。

用鷹形三體式（三才）站椿時，足下勁力前三後七，用形意拳八字、九歌、二十四法，練三節四梢，使鑽裹踐

　　圖1-2-1　　三體式椿右式

　　圖1-2-2　　三體式椿左式

五行合一，內外相合，三尖相照，頭手相合，具備雞腿、龍身、熊膀、虎抱頭、虎搶雷聲、出勢虎撲、起手鷹捉的特點。用心意智慧融貫斬截、裹胯、挑頂、雲領之法。

　　具體要領分別為：一頂為頭上頂、手外頂、舌上頂；二扣為手足扣、牙齒叩；三圓為胸背圓、臂腿圓、虎口圓；四毒為眼毒、心毒、手腳毒；五抱為兩肘抱肋、兩手抱中、膽氣抱身；六垂為肩肘垂、臀尾垂、精氣垂；七曲為腿曲、臂曲、背臀曲；八挺為腰挺、膝挺、頭手挺。

　　八字要訣，每字三義，共三八二十四式。兩手居中，鼻尖、手尖、足尖上下相照，為守中用中不離中。站椿時要聽息默練，用拳經默念法逐項自我校對。內裹外翻，起鑽落翻，七星相佐一身是拳，九拳合一鑽踐法，凌空發力法，動中縮勁法，飛雲搖晃旋法，三槍三棍兩總法等，均要用意默念自我校對。

用意回抓前頂，舌頂齒叩，穀道內提，倒陰陽換勁力，盡椿法慢練入道之妙。

椿法融於拳法為形不破體，拳法融入椿法為勁不冒尖。先重實後輕靈，此所謂提挈天地，把握陰陽，呼吸精氣，恬淡虛無，獨立守神。心平氣和，目空萬象，悲智身心雙修。專恒思練，管子之書曰：「思之思之鬼神通之。」其玄妙非局外人所能知，拳術亦然。拜名師訪益友得訣歸來，猶如驪珠在手，可謂句句甘露，字字珠玉。求師一訣，宜誠心敬悟，專心求之，恒力赴之，不以小乘中乘為快。鍥而不捨金石可鏤，精神一到萬事可成。

# 三、形意拳五行椿

## （一）劈拳椿功練法講義（圖1-3）

劈拳性屬金，是陰陽連環成一氣之起落也。氣之一靜故形象太極，氣之一動而生其物，其名為橫屬土，土生萬物故內包四拳。按其五行循環之數，土能生金，故先練習劈拳，上下運用而有劈物之意，其性象斧，故名劈拳。取其諸身內為肺，練肺藏（臟）外通鼻。勁順則肺氣和，勁謬則肺氣乖。夫人以氣為主，氣和則體壯，氣乖則體弱。

拳經云：劈拳似斧性屬金，練肺藏（臟）外通鼻，其外形如舉斧劈揚。前手出手橫豎力，後手打出斧劈山。出手有手上手下之分，奧妙自悟。劈拳屬金，力點在上，速打在下，搖身退步，劈出猛勁，起動翻落，皆有力度。重

圖1-3　劈拳椿

圖1-4　鑽拳椿

在體會去如鋼銼，回如勾杆之意。

**技擊使用法：**

撇劈砍剁砸，起是去落是打，起落都打。肘臂劈砸，把打掌手雷，起手鷹捉，出勢虎撲，單手劈拳，雙劈為虎撲。一寸、二踐、三弓箭步，擰裹為橫鑽翻變，緊裹身勢無遮攔。

劈拳椿可以在數百公尺的開闊場地上練習，也可在臥牛之地左右回轉練習。一伸一縮，一開一合，一呼一吸，奇正相生如環無端，盡意而收勢。鍛鍊肺臟，是健身補氣的最佳功法。

## （二）鑽拳椿功練法講義（圖1-4）

鑽拳似泉性屬水，是一氣之鑽翻，流通曲折無微不至也。鑽上如龍突然出水，又似湧泉趵突上翻。取諸身內為

腎，練腎藏（臟）外通耳。

拳勢順則真勁突長，腎足氣順；拳勢逆則倔力橫生，腎虛氣乖，清氣不升，濁氣不降，真勁不長，倔力不化矣。學者當知三步一組，前足動為一，後足大進為二，跟步定勢為三。

拳經云：鑽拳似泉性屬水，起鑽落翻手足腿，起鑽落翻陰陽轉，功到還虛是洗髓。鑽拳屬水，自下打上，如泉噴湧，順進拗退，瞬閃而過，貼身靠鑽，尤利近打。

**技擊使用法：**

鑽裹擠靠壓，抽勁向外發。上打通天炮，中打頂心捶，下兜小腹拳。除常用的寸踐步外，奇為弓箭步。

拳經云：右足已開左足大進，右手回撤左手前奮，左足前順右足緊跟，手足齊落換勢護身，前拳取鼻後拳齊心。

鑽拳椿功左起右落，右起左落，練法要求相同，唯方向相反。

## （三）崩拳椿功練法講義（圖1-5）

崩性屬木，取之身內屬肝，應用為崩拳，崩拳似箭性屬木。是一氣之循環往來伸縮也，勢如連珠箭。練之拳順則肝舒氣平養心神、增筋力，而無目疾腿疾之患；拳勢逆則傷肝，肝傷則兩目昏花，兩腿萎痛，一身失和，心火不能下降，拳也不得中立地步。

然崩拳極簡單，其練法左足前進，右足相跟，相離四五寸，此勢不換步，出左手進左足，出右手也進左足，為一步一組。學者於此拳中體會「肩在手之前，手在腦後」

圖1-5　崩拳樁

之感，當細研究其三摧六合之妙道焉。

　　拳經云：崩拳似箭性屬木，練肝藏（臟）外通目，其外形如箭射去之意。克橫生炮理不謬，牢記左前右後跟。崩拳屬木，如箭離弦，用拳伸臂，以步摧身，身到拳發，透勁制敵。

　　**技擊使用法：**

　　出手為切挫擦撑，回手為摟抱胯墜，直出直入，見空插針。圓中戳擊為圈中錘，崩拳以半步為用，牢記左前右後跟是短兵相接，貼身近打，勝負在毫釐瞬間，來不及換步時，切記不要變換步法。

　　教拳不教步，教步打師父，可謂拳拳半步打人是也。因人體後足蹬地發力，有效行程也就是半步，超過半步為強弩之末，有形無力。一寸是半步；二踐是左右足各半步合為一步；三弓箭是後寸步，也是半步。其他快步、三角

步都是近身步法，學者要明悟。

上打咽喉下打心，左右兩肋並中心，或往裡撥一旁走，後手只在肋下藏。轉環崩拳如旋轉，蹬枝入洞聯手攻。不鑽不翻，一寸為先。右手拗步手上出，左手順步手下出，有穿針之妙。以寸步和弓箭步見長而用。

拳經云：左足先開右足跟進，脛對左踵形曲勢俊，兩掌變拳頭後陰前順，順者力挽陰者前奮，兩手互易步法莫紊。

## （四）炮拳椿功練法講義（圖1-6）

炮拳似爆性屬火，是一氣之開合也。如迫擊炮之子彈突然發出。取其諸身內為心屬火。拳勢順則身體舒暢，心氣虛靈；拳勢逆則四體若愚，心氣也乖亂。學者務宜深究此拳之理，練法為四步一組。

拳經云：炮拳似爆性屬火，裹抱斜進內外合，練心藏（臟）外通舌，其外形如炮爆炸。炮拳屬火，勢火兇猛，力在爆發，鑽翻沖打，撲撞挑頂，勁由根生，前擊後蹬，力點集中。

**技擊使用法：**

挨身貼靠打，雙手齊鑽裹顧嚴，挑頂旋轉上下翻，猛虎抱頭身斜進，開合挑打如炮捲。高手挑打低手按，斜進抱頭倒捲簾。打鼻口，擊頂心，步法為一寸、二踐變弓箭。炮拳起落劈砸法，雙陽拳轉環擊打法。

拳經云：右拳順出如石之投，左拳外翻置之眉頭，足提者進與左拳伴，左右互換勿用他求，練習路線如龍如抖。

圖1-6　炮拳椿　　　　　　圖1-7　橫拳椿

## （五）橫拳椿功練法講義（圖1-7）

　　橫拳性屬土，是一氣之團聚而後分散也。取諸身內為脾屬土。萬物土中生，形意拳把把不離橫拳之意，攢鑽包裹為橫（圓），是各拳之母。熊鷹兩儀，取法為拳，陰陽暗合，形意之源。

　　熊形裹顧為橫拳，起手鷹捉為打，鷹捉之意在手足之手抓足蹬，足打七分手打三，先裹顧法渾身是法，即是橫拳裹顧之真意。

　　五行拳形簡意精，五拳中以三體式為第一步，劈拳三步一組，鑽拳三步一組，崩拳為一步一組，炮拳為四步一組，橫拳為三步一組。三體五拳合為十五步。兩肘不離肋裹顧內外五行，可謂以土為根練人體裹顧包裹拳。

　　在五行各拳中，出手把把不離鑽裹，即（圓）橫拳。

横拳的單練是增加全身的擰裹功力，鑽裹手上出為鑽，手下出為橫，如起重機吊臂橫擺破直之形，擰裹鑽翻橫破橫打，即是此意。明此橫拳藏圓之理，曉裹顧誠圓之術矣。五行相生相剋也不過是天地人三才步法演練橫生橫破而已。關鍵是不是真傳，難得其妙道。

橫拳身內屬脾土，渾圓樁為橫，鷹形樁為攻。土旺則腑臟潤和，百病不生，橫拳順似土上活，滋生萬物一氣之灌溉。拳勢逆，力氣倔，內傷脾土，五臟失調，萬物不生。橫拳為五拳中之要，學者慎思明辨。

拳經云：橫拳似圓性屬土，練脾藏（臟）外通人中，其外形似擰繩、盤中鋼珠滾動，橫生橫破勢無窮，擰裹鑽翻一氣成。橫拳屬土，圓橫性彈，力求均衡，左右擺動，上左進右，橫裹防守，斜打正擊，變守為功，熊鷹兩儀，顧打兼備，形意真意。

**技擊使用法：**

圓轉為橫，戳擊為用。形意拳為誠圓之術，把把有橫有圓，只不過是擰轉的小到不見圈。圓圈拍位為土，戳擊為生為變而用。

太極先由大圈練起，八卦先由走圈練起，都是以心意耍圈抖圓而用之。形意為藏圓、八卦為渾圓、太極為抱圓，都是以橫土為本。形意重槍棍技法而演變，八卦重刀技而操用，太極精劍技而用之。三拳都是以裹顧橫土為本，所謂形意八卦太極拳，陰陽變化一圈含（太極屬土為橫也）。往返進退伸縮，走轉變發，引化拿發，也是橫豎圓轉變化而已。前手擰裹近身攻，顧打一勢人難封；寸踐用時不中和，弓箭步法後足蹬；左右全憑蓋他意，舒展二

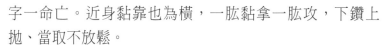

字一命亡。近身黏靠也為橫，一肱黏拿一肱攻，下鑽上拋、當取不放鬆。

此拳集人體力學顧打之要道，身體三尖相照，肩肘手構成勾股三角弦之狀，要求肘不離肋、手不離心，出洞入洞緊隨身，藏匿起橫不見橫，落順不見順。左右是斜面裏橫開擴而無阻，上下鑽翻起落搖晃而用。上下左右不顧而自顧，不打而自打，是形意拳所獨有的精華，為形意拳克敵制勝獨擅其長的根由所在。學者悟明此道，而形意拳可謂過半矣。

拳經云：足進而落已成剪形，後拳外鑽前拳退行，鑽翻擰裏勁如擰繩，後拳鑽裏故以橫名，手足變換反用則成。

## 四、形意拳十二形椿功

### （一）龍形椿功練法講義（圖1-8）

龍形取諸於身內而為離屬心，心屬火，故道經有言龍從火裡出，又為雲，雲從龍，龍之天性，有蟄龍翻浪升天之勢，抖擻之威，游空探爪縮骨之精。隱現變化莫測，取之於拳為龍形，此形之精義，神發於目，威生於爪，勁起於任脈承漿之穴，與虎形之氣循環相接，兩形一升一降，一前一後。

拳法之用，外剛猛內柔順，形勢順，心內虛空而心火下降，心竅開而智慧生。即道家火候為空空洞洞是也。形

圖1-8　龍形椿

勢逆，筋絡難舒，則身被陰火焚燒。故曰一波未定一波生，好似神龍水上行；忽而沖空高處躍，聲光雄勇令人驚。學者於此形當心格致，久則道理自得。龍形路線練法為三步一組。

**技擊使用法：**

龍有騰空搜骨之法，人身即龍身，全身撞打肘與膝。招手就往腿上踹，隨手再把面門蓋，三隻手腳協調用，就是邪怪也驚呆。捋臂截蹬。

龍形椿功傳統練法，左右互易反覆變化，可以在數百公尺的開闊場地上練習，也可以在臥牛之地回轉起落練習，左右奇正相生如環無端、盡意而收勢。以下各式椿功同此練法。

拳經云：左足回扣隨勢轉身，右足相提右拳陰伸，左拳仰抱推挽力均，手足齊落兩拳半陰，後手在肋前掌齊心。

# （二）虎形樁功練法講義（圖1–9）

　　虎為山中猛獸之王，在卦屬兌為金。取之於身為坎屬水為腎，坎生風，風從虎之天性，有撲食之勇。故道經有言，虎向水中生，此形與龍形之勢輪迴相屬。能通任開督。丹經謂之水火相交而金木相並。四象和合，取之於拳為虎形。此形之威力，起於臀尾之勁，督脈發動，湧泉之穴。起落不見形，猛虎坐臥藏洞中。

　　拳之應用，外猛而內和，形勢順則虎伏而丹田氣足，能起真精還腦之效。道經云：欲得不老，還精補腦。正是龍虎此兩形之要義也。

　　形勢逆而靈氣不能灌溉三田，流通百脈，反被陰邪所侵，而身重濁不靈空矣。故曰：猛虎穴伏雙抱頭，長嘯一聲令膽驚；翻掀尾剪隨風起，跳澗抖擻逞威風。學者最當

圖1–9　虎形樁

注意。格物龍虎兩形之理，得之於身心則謂之性命雙修。用法為正手虎撲、回勾前抖反背剪打。虎形路線如炮形，唯步法以三步為一組。

**技擊使用法：**

為虎撲、虎托、虎撐、虎戳（爆掌）出勢虎撲，各拳亦復如是。

虎形落式，先將左足向左前方斜進，右足緊跟，相距一尺三四寸，因人略有差別。兩拳心起口出向前鑽翻撲出，高與口平，兩肱向外開勁，目視兩手正中。

再練時前足墊步，後足緊跟，兩手握拳同時落至小腹兩側，手心向上成陰拳，兩肘抱肋，目視前方。右足向右前方斜進，左足緊跟，相距一尺三四寸，兩拳心起口出向前鑽翻撲出。左右要求相同，唯方向相反。

# （三）蛇形樁功練法講義（圖1–10）

蛇為靈活之物，有撥草之巧，纏繞之能，曲伸自如，首尾相應。有常山之蛇，擊首則尾應，擊尾則首應，擊中為首尾相應。取拳為蛇形，活動腰力通一身之骨節。拳順則能起真精神還於腦，而神經充實，百病不生。形勢逆，則身體不靈活，心竅不開朗，反為倔氣所束滯矣。故曰：從來順理自成章，撥草能行逞剛強；蛇形寄語人學會，水中翻浪細思量。

學者於此形當勉力求之，靈光巧妙得之於心，則終身用之不盡也。步徑曲直為兩步一組。

**技擊使用法：**

曲折繞回環手，拍拉戳擊，一圈一戳擊，出手如蛇

圖1-10　蛇形樁

圖1-11　馬形樁

奔；移花接木、接手爬打，如草上飛為撥草之絕；裹抱前撞用肩打，一陰返一陽，兩手只在洞中藏。

右手向左腋下，貼胸下掖成掌心向上，同時左肱回收抱扣在右肩上方，兩肱裹顧相抱。左足足尖外撇墊步，腰身左擰右墜，目順右肩平視前方，此為白蛇縮身。再練左式，仍與右式要求相同，唯方向相反。

## （四）馬形樁功練法講義（圖1-11）

馬為最仁義之靈獸，善知人心，有垂韁之義，蹽蹄之功，撞山跳澗之勇，取之身內為意，出於心源，故道經云：鎖心猿拴意馬。

意屬土，身內為脾。此拳外剛猛而內柔和，有心內虛空之妙，有丹田氣足之形。拳勢順，則道心生，陰火消滅，腹實而體健；拳勢不順，心內不能虛靈，意妄氣努而

五臟失和，清氣不能上升，濁氣不能下降，手足也不靈巧。故曰：人學烈馬蹄踢功，戰場之上抖威風；英雄四海揚威武，全憑此勢立奇功。學者於此形，尤宜注意而深究。步徑直進，兩步一組。

**技擊使用法：**

連環馬轉環手，如同手握方向盤，兩拳顧打齊出。有手上手下之分。

馬形右起式，三體式先將左足外撇墊步，左右手同時握拳，左肱抱圓，手心向下、虎口向裡與心口平；右手拳心向上順胸向前鑽伸，伸至左右手陰陽相對時，兩拳相距二三寸，目視前方。此為馬形搖身，即伏身前進之意也。

## （五）鷂形樁功練法講義（圖1-12）

鷂者，飛禽中兇猛之物，有翻身之巧、入林之奇、束身捉物之能。取諸於身內為心，取之於拳能舒身縮體，起落鑽翻左右飛騰。外剛內柔靈巧雄勇是鷂子之天性也。形勢順，則能收其先天之祖氣，而上升於天谷泥丸；形勢逆，則心努氣乖，身體重濁而不輕靈矣。故曰：古來鷂飛有翔翔，兩翅居然似鳳凰；試觀擒捉收放翅，武士曉知這勢強。

學者學習鷂形靈光巧妙，方能有得，終身用之不盡也。練習步法為三步一組。

**技擊使用法：**

接手翻身，穿梭入林。炮拳順拗裹抱為束，出拳為入林，對方懷中為林。

鷂子翻身式，三體式開始，雙手向外上回挒，右後手

圖1-12　鷂形椿　　　　　　圖1-13　雞形椿

掌心向外，左前手手心向上，同時前左足回撤半步足尖著地。此為鷂子翻身式。

鷂子入林式，左足向前邁進，後足緊跟，左手向前上穿成掌心向下，右手掌向前極力外推，掌成陰陽掌，此為鷂子入林。再演下勢為左足前墊步站定，右足前進一步足尖著地，兩手要求同前，唯動作相反。

## （六）雞形椿功練法講義（圖1-13）

雞乃智謀信勇靈性之物，晨能報曉，其性善鬥智取，口剛能啄，兩腿連環能獨立，爪能抓蹬，生威抖翎騰空進退。取諸於身內為脾，脾動大力攻，起如箭、落如風，消息全憑後足蹬。

形意拳的特點是雞腿、龍身、熊膀、虎抱頭、虎搶雷聲。形意拳起手撩陰，步步不離雞腿，雞形之要不言自

明。故曰：將在謀而不在勇，敗中取勝逞英雄；試看雞鬥虛實靈，要知羽化有靈通。

形勢順則脾胃活，有羽化之功；形勢逆，則脾衰胃滿，五臟失調和矣。學者要虛心誠意格物致知，始得生化之道焉。練法為三步一組。

### 技擊使用法：

在形意拳當中，拳拳都在用雞腿。足打七分手打三，五營四梢要合全，氣隨心意用，硬打硬進無遮攔，雞腿所為也。具體用法為雙托手十字拐足打法，上著下取，雙手啄面掌（童子拜佛掌）。能把人腿致殘，慎用。再就是雞形穿掌加金雞食米，上架膝打、挑領報曉問心掌。

雞形右起式，三體式開始，雙掌同時向外劃弧至腰間握成陰拳，隨即雙手成掌向前伸托，高與肩平，右後足橫向前撩戳，是老形意拳端盤墜碟之勢。再練雞形左式，要求相同，唯動作與右式相反。

## （七）燕形椿功練法講義（圖1-14）

燕乃飛禽中的輕靈者，有抄水之巧，飛騰之妙，動轉無聲之奇。取之於拳而為燕形，取諸身內則為肝肺。肝主筋，肺主皮毛，是氣之機關也。氣活則神清，百病不生，氣有輕清之像。

故拳中燕形生輕靈之妙。形勢順，則筋絡舒暢，心內虛空，氣順而有上升下降之能；形勢逆，則氣拘筋滯，身體重濁倔而不靈捷矣。故曰：一藝難精百倍功，功成雲路自然通；扶搖試看燕取水，曉識男兒高士風。學者於此形尤當潛心細究，練習路線為三步一組。

圖1-14　燕形椿

圖1-15　駘形椿

技擊使用法：

雙托手穿心腳蹬踹，抄水為走邊門迎前打後，是八卦走轉迎打之精華。抄水搬攔衛泥點肋捶（鬼頭指）。外撩內蓋陰陽掌，單封單進敵難防，用時輕靈隨足走，身輕如燕功法良。

燕形右起式，三體式開始，雙手同時向外劃圓向前上方托端，左前足前墊，右後足向前上方蹬出，目視前方。

## （八）駘形椿功練法講義（圖1-15）

駘者，野馬匹子，抖毛之威，躋蹄之功，撞山跳澗狂奔於野，取之身內為意。

駘形技擊使用法：

兩手握拳同變陰拳，進步崩撞上下翻，野馬跳澗似虎竄，雙拳栽打虎戳爆掌拳。

　　駘形左起式，三體式開始，雙手同時向兩側分手劃弧同變陰拳抱於腰間，隨即向前上雙拳鑽出，拳心向上，高與肩平，目視前方。

　　駘形雙陰拳打出再變雙陽拳戳打，為陰陽鑽翻連環合為一氣。

　　此所謂一氣通天地，兩氣隔山河。右式與左式要求相同，唯動作相反。

## （九）鼉形椿功練法講義（圖1-16）

　　鼉為水中輕靈之物，有游鼉駕浪八面行之論。鼉形外形如雲手。取諸身內為腎，其外合內順，練之能消心火，助命門之相，滿腎水活潑周身之筋絡，化身體之倔氣。拳形順，丹田氣足而生真精補還於腦，身輕如鼉之能，與水相合一氣。故曰：鼉中須知身有靈，拗步之中藏奇精，安不忘危危自解，與人何事須相爭。學者須加以細心研究。

　　步法與其他形不同，左足進步著地，右足緊跟相對，兩足脛骨相磨，不著地隨進，右足著地，左足緊跟。步法為一步一組。

　　**技擊使用法：**

　　鼉形為圓轉橫雲肘打頭胸部，有浮水之精。兩手回環拍位用肘撞擊斜打，外柔內剛，綿中藏針。雲鼉左右趨避輕靈為妙。懷揣八卦陰陽轉走，圈圈輕靈水上行（對方之肱為水），裹顧內外五行之精。

　　三體式開始，先將左足向前墊步弓腿，雙手為羊角掌，中指、無名指、小指向內扣屈。右手手心向下靠於右腰間，左手高與鼻尖相齊，張開如八字形。

圖1-16　鼉形樁　　　　圖1-17　猴形樁

## （十）猴形樁功練法講義（圖1-17）

猴為動物中最靈捷之物，有縱山跳躍之靈、變化不測之巧。在拳取名為猴形，取其蹲身縱跳、爬杆刀繩之能。故曰：不是飛仙體自輕，若閃若電令人驚，看他一身無定勢，縱山跳澗一片靈。

拳勢順，身體快捷便利，旋轉如風；拳形不和，心內凝滯不靈通。此形之運用和各形不同，手法步法是一陰一陽，一反一正，先練為陰，回演為陽。

**技擊使用法：**

左右上步猴縮身，護肩刀繩劈面掌；連環八翻隨意用，變化莫測猴形靈。

猴形右起落式，三體式開始，左前足墊步，右後足前跟，足尖著地，手起護肩掌，為猿猴縮身式。

縱跳猴爬杆式，右手向外圓捋，左手向外劈掌，左一右一連環一氣，右足獨立，左膝提起站立。

## （十一）熊形椿功練法講義（圖1-18）

熊為兇猛之獸，有站立豎項禦敵之功，掌爪有抓拍之能。熊形為形意拳顧法之母，取之於拳兩膀內扣，裹顧嚴密不漏。拳順而力大，拳逆而力倔氣濁。拳經云：熊鷹兩儀，取法為拳，陰陽暗合，形意之源。起如舉鼎為熊，落如分磚為鷹。學者明悟形意拳顧法之道即熊形也。

**技擊使用法：**

左右旋轉靈活妙，肘打反背面部找；抓撲拍打天星掌，戳擊入內把人傷；善哉慈心把功練，遠離是非莫顯先，健身康體樂清閒。

熊形右起式，三體式開始，兩足不動，雙手同握拳，抱於腰間，隨即左手起鑽，高與眉齊，目視前方。

熊形右落式，左足先向前墊步，身向左擰，足尖著地。為黑熊豎項勢。轉換時雙手高與眉齊，目視右拳前方。隨即肘頂裹膀，再練熊形左起落式，和右式相同，唯方向相反。

## （十二）鷹形椿功練法講義（圖1-19）

鷹為飛禽中兇猛之物，有抓拿刁扣之功，眼能觀細微之物，放爪有攫取之功。性外陽內陰，取之身內能起腎中真陽，穿關投體補還於腦。形之於拳能養心火滋腎水。形勢順，則其精化氣通任開督，流通百脈，灌溉三田，去除一身百竅之陰邪，滌蕩百脈之濁穢；形勢不順，則腎水失

圖1-18　熊形樁

圖1-19　鷹形樁

調，陰火上升。故曰：英雄處世不驕矜，遇便何妨一學鷹；最是九秋鷹得意，擒完狡兔便起生。

　　練鷹抓的撕摞之勁。學者要用心悟其理。練習步法為三步一組。

　　**技擊使用法：**

　　三體式護肩掌，起手鷹捉不用忙，抓拿刁扣捋其腕，另手撕按面部上，單封單進鷹抖翅，起手鷹捉把命亡。

　　應用時可上左足、出左手向前抓按，氣貫筋梢指尖，扣如鋼鉤。鷹形左起落式，變右手護肩掌，與右式要求相同，唯動作相反。

　　站樁之功要堅持不懈，把握陰陽，提挈天地，呼吸精氣，獨立守神，五蘊皆空，天地同體，肌肉若一，站樁行氣，久則渾身生物電力充足，能將人擊出數步，被擊者有觸電之感。

習武之人如果缺少個人修行而粗鄙不文，以會技擊功夫自居，出口蠻橫無理而言不合道，驕矜之心常存，不博覽經書，內心世界不開闊，遇事缺少思考謙讓，常以血氣方剛用事，久則必遭天譴。

大智若愚，大方無隅。不妄想求貪無煩惱，乃絕利一源，而勝於用師導引之功百倍。不懂知止不殆之理，以假為真，以苦為樂，沉於水淵而不知，入與火坑而不覺，自取滅亡，將誰咎乎。不懂柔弱是立身之本，剛強是殺身之禍。故內典五戒首在不打誑語，忍辱戒妄為武術技擊家之所貴，可謂斯術之金科玉律。

經曰：「道真竅不真，知竅變成真，祖師真妙訣，傳藝要擇人。」形意拳門內師傳宗訓，真正的要竅不易被門外人所得。正如拳經曰：「三催六合無雙傳，多少奧妙在其間，若是妄教不義人，招災惹禍殉壽年。」

# 第二章
# 拳 道 要 論

## 一、拳道功法眞義

　　形意拳分為形和意，外有形、內有意，形可觀而意不可測。形之上者為道。反者道之動，其法順行逆出，心存來去之意，上兜下坐，前發後踏，手長身縮，勁力直射。身手正反變化莫測，進退避讓是「弱者道之用」。

　　練拳用意法，拳的「意」乃是心意，意念發動，波動十方，猶如十目所視，十手所指，四面八方，觸覺即發。心與意合，意與氣合，氣與力合，意之所到氣即赴來，用心意打六合。椿要天天站，日積月累得渾圓，先練重實，硬打直進；後練輕靈用追法，追即打，打即追，追風趕月不放鬆。

　　拳道功法，靜者為椿，動者為拳。步法為龍行、馬奔、虎踐演天地人三步之奧妙。三七步犁地踩踏，趁步緊跟。練的是往返進退伸縮之法。一寸、二踐、三弓箭，起落抖打鑽裏踐。手法是回環轉手內裏外翻，拍位戳擊。勁

法是腳打七分，手打三，動中縮勁，機靈抖發，變化於瞬間，是猝不及防之術的體現。掌心力從足心起，足下振彈勁力直射手掌。

## 二、技擊用法論

上挑下按中掤擠，拍位粘接就戳擊。圓轉為柔戳擊剛，剛柔相濟稱剛強。渾圓爭力借力，用鑽裏踐、黏隨脫、走變法、撕崩捅而盡然。

三拳為一勢，動意起手為鑽；裏顧粘接、脫手而發，肘不離肋，手不離心，出洞入洞緊隨身，守中用中不離中，粘拿爭力也為裏；脫手而發為箭。

先裏顧法渾身是法，崩勁、撞勁和黏勁，起手就打鑽裏踐黏隨脫，動步走轉發。猶如槍的子彈射出，雖只聽見「啪」的一響，但也可分為鑽、裏、箭三個階段。

彈藥燃爆為鑽，彈頭穿膛而過為裏，子彈旋轉脫口而出為箭。彈殼大藥多，槍筒越長，膛線越好，裏力就越大，子彈射程也越遠而且越有穿透力。

開弓射箭亦然，拉弓為鑽，滿開為爭裏，放手為箭。槍法出槍為鑽，粘壓回拉為裏，前紮踐步為箭。拳法起手為鑽，接手粘拿為裏，機靈抖發為箭。無論單手還是雙手，要用意去感受「去如鋼銼，回如勾杆」。崩是槓桿裏胯橇崩之法，膝打膝分合膝發力，猶如刀叉分刺，前足踩打後足蹬。

# 三、摔法之精義

摔法三要「撕崩捅」，形意拳的老三拳「鑽裹踐」，太極拳的老三刀「粘隨脫」，八卦掌的老三法「走變發」，少林拳的「滾粘滾」，是三字為一勢之法。

撕是搶把抓拿撕挳。扣如鋼鉤，正反裡拉外涮、倒臂拉吸，左右蓋手、挳擺圈拿，回拉前推，形如撕棉之功。撕成我順人背之勢，形成螺旋力，建立槓桿力點，是實現槓別合勁的基礎。

崩是槓桿撬崩。主要是建立兩個力向相反、勁力相合的著力點，實現來回變勁，抽打合力。用劈拳之肘法搭肩撬崩脖喉，建立槓桿力點，發撬崩之力。去如鋼銼、落如

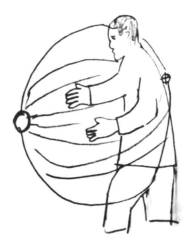

圖2-1　雙推掌渾圓球圖

勾杆就是揀腿摔打法。

捅是捅轉抽打。勁力對錯相合之法。上捅下勾，手拉腳捅。勁向相反、勁力相合的對錯之法為捅。腳向回勾、手向前捅，手向回拉、腳向前擋踢的前後、左右巧勾對錯之法均為捅。主攻用拉涮吻背槓別挑，主破以靜制動，用撞砍磨踢勾揀抱，抽打射摔餅，抓倒進退步，勾掛粘攀咬。提腿逃腿踢，抵耙擠換扭，因勢而變。

李存義、薛顛、李雲龍、胡躍貞都是顧打一體、打摔一勢，打摔法以薛顛為最。

# 四、拳道用意論

形意拳外有形、內有意，形可觀而意不可測。曾子曰：「萬類一元，聲息相通，意念一動，浪傳十方，猶如十目所示，十手所指。」拳經曰，拳無拳意無意，無意之中是真意。形意拳技擊的最高境界實質上是用意打人。意者，心意也，用意即是用力。

岳武穆雙推掌變抱球渾圓式，用意守中用中不離中，下弧手、上弧手（棗核形）、旋轉手、起落暗肘手，猶如點錘，旋轉帶衝擊，意注發落點，身體如鐘，進和退，肩腰胯三道氣圈，均須用意貫注。

眼觀心謀意外發，意存動之先，順拖逆送，意存「來去」變通合道之法。由眼至心發於外，身外須有意，而意不離身即是，所謂非身即身便是。意存在於周身之外，身外領取身上法度，神理自然得之。神意足不求形骸似，動

則合意而得力，不求合而自合。用意還是琢磨為什麼有此一動，此動作的目的是什麼，能不能隨機變通無窮而動，使勁斷意不斷，意斷勁相連，一氣呵成。

用意去體認動似水中魚，身體好像在空氣中游泳，感受空氣阻力，開弓練二爭力，繼之用意練渾圓六面爭力借力，用意功法無不成矣。

## 五、拳道手法論

拳道手法要從形意拳斬截、裹胯、挑頂、雲領，八卦掌的搬攔、截扣、推託、帶領，太極拳的掤、捋、擠、按、採、挒、肘、靠的用法控制對方，都是內裹外翻、起鑽落翻回環戳擊變化而已。

形意拳象形於槍技，八卦拳象形於刀技，太極拳象形於劍技。槍刀劍技法藏匿於拳道的立圓、斜圓和平圓之中，隨意變化亂環圓。圈中捶，捶中圈，捶中捶，圈中圈，圈如螺旋纏絲以柔變，捶如鋼錐戳擊而剛發，綿中藏針，圓中藏針即是此意。

多年練功日積月累，內勁充盈，四肢八節堅硬如鐵，收易骨易筋之效，手中如持刀刃之器。可謂封如鐵石，粘黏如膠，扣如鋼鉤，戳擊如刀。形意、八卦、太極拳，陰陽暗合一圈含，是一體不二的陰陽術、圈子拳。必須遵循「一氣通天地，兩氣隔山河」之理，呼吸間立決勝負，以盡拳術「拍位戳擊」之妙。拳道合一，勁以順行逆出為拳，是拳仿道之理，道統拳之變的應用。

平時練得千斤功，用時不過四兩勁。能四兩破千斤，也能一力降十會。能以柔克剛，也能以剛克柔。能先下手為強，也能後發先制。均為陰陽變化的可逆性。

以靜制動時，大動不如小動，小動不如警覺龍身蠕動，蠕動不如神意動。硬打直進用動功追打時，動手不如動身，動身不如動步，追風趕月沾身縱力為用，動中縮勁以寸為真。挾剪之技法，能用肩時不用肘，能用肘時不用手，肘手連環一氣連。高來挑，低來壓，不高不低用手掛。顧是打，打是顧，出手便是。

先打顧發後打人，原來卻是打本人，打了本人也就顧，顧打齊出方為真。心意所動，四肢百骸橫衝直撞、七星七拳一觸即發。衝勁太直難以變化，撞勁太促難以起落，黏顫勁的鑽裹踐、黏隨脫可謂猝不及防，擊無不中的上乘勁，是形意拳道的精髓。

## （一）斬截法

斬也有擴展手足之意，截為斷截之意。拳道陰陽變化莫測謂之神，其理大到充塞天地之間無微不至，小到技擊衛人自衛，用六合退藏於密。攔截防衛原理，也是鑽裹踐、黏隨脫快速斬截法。遇強敵迎擊，非用快手斬截顧法、粘隨脫發不及防範。

形意拳用的是鑽裹踐硬打直進直中法，八卦掌用的是走變發接手就變制中法，太極拳用的是黏隨脫絲網粘黏法。形意拳是擊無不中之法、猝不及防之術。少林拳是滾進滾出之法。跤術為撕崩捅。是一種精華多種講法，要融會貫通。

用重不如用輕，用輕不如用空，空乃落空也。「引進落空合即出」，是開合吞吐之法。下開上合如開弓，下合上開槓桿崩。用斬截落空法開合相變，可攻人之堅，克人之剛。因受攔截半徑的限制，手不入圈不斬截，對方入圈要即刻斬前手、截後手裏顧而發。斬截法上可攔截其手，下可攔截其足，中可棒壓攔截其左右橫擊。有手則斬截其手，無手則斬截其身。

## （二）裏胯法

裏為圍裏，力柔而能克剛。胯如跨馬之勢，開臀裏胯肘膝相合。先裏顧法渾身是法，是裏胯用肘展打。

手有撥轉之能，腳有行程之功，裏胯是技擊「近身發力」的挾剪之技，貴在方法，不在力使，是吞吐開合的肘膝相合之法。

## （三）挑頂法

挑如蛇行稍高為挑，頂是頭手頂打如炮拳。抱裏開合顧上戳擊法，用法是高挑擰裏鑽翻，起手上打沖天炮，下用壓手打栽捶，五花炮砸為妙，臂手好似虎尾鞭，兩拳挑頂壓砸如輪翻。

## （四）雲領法

雲如烏雲翻滾，領是順勢領打。內裏外翻左右藏肩裏肘旋轉法，回環裏顧，能定我守中用中之勢。回環轉手雲領能產生一種離心力，使對方拔根提氣。有斬截雲領、引進雲領、走轉雲領，是動手、動身、動步，是擰裏鑽翻走

大圈、中圈、小圈，使對方偏中落空。八翻手用斬截落空是剛勁，用雲領落空是柔勁。

綜上所述，太極掤捋擠按採挒肘靠，八卦搬攔截扣推託帶領，形意斬截裹胯挑頂，都是岳武穆雙推掌變內裹外翻回環掌隨意戳擊而用。

陰陽回環掌實質上是沿8字回環用內外八手而變化。欲上則下，欲下則上，上下形成波浪力。欲左先右，欲右先左，左右形成遊蕩力。欲前先後，欲後先前，形成回鉤前刺力。回環圓轉形成離心、向心漩渦力。向前足落能發勁，後足蹬地也能發勁，這樣才有借勁之妙。

三拳三才非無因，陰陽配合天地人；若是悟通其中理，拳術之中能超群。

拳道手法雖有上中下三路總共三百六十手之多，實際不過六十手，左右合一百二十手，一百二十手加上中下三路各手，總共稱岳氏連拳三百六十手。作為初學入門有為之法規。使初學者有手可變，有法可循，最後練之純熟變通，不過五行合一體而已。猶如拳擊的直、刺、勾、擺、拋五拳，變化無窮。

任何事物的發展規律都是先有為而後無不為，最後達到拳無拳，意無意，無意之中是真意的高級階段。人為萬物之靈，能遠取諸物，近取諸身，拳法取其靈物之精義。法本無法先學法，無法即法最高法，方是一法不立，萬法具備的境界。

交手要點如下：

第一，交手對敵首先要「一膽、二力、三狠毒」。一膽者，藝高人膽大，敵前先自怯者必敗。二力者，功也。

拳無功一身空，無功不較技。三狠毒者，藝不輕傳，藝不善做，動不留情，舌頂齒叩，勁力縮骨而出。動手要用冷、脆、快、重四字訣法，冷是出手不被人覺，脆是不被對手遮攔封擋，快是快出快回、瞬間完成引化拿發，使對方在接手瞬間驚呆而被打，樁拳相融形不破體，整體發勁為力不冒尖方可自顧。重是整體出擊。

第二，對敵在三尺以外、七尺以內的空間圈，必須使自己用意先動起來，欲左先右，欲右先左，欲上先下，欲下先上，欲刺先勾，欲開先合，是上乘功夫的黏勁借力打力法。形可觀而不動，意動而不可測。克呆滯、進如恒動惰性境界，出手才能得機得勢。這就好比是高速旋轉起來的電動機具，外觀好似不動，內裡卻高速轉動，既省電又有慣性惰力，無論電鋸或電鑽遇物則所向披靡、勢如破竹。這就是動而不動，不動而動方為真動。小動似不動的神意內動最快。

三七步用於爆炸寸勁，二五步用於慣性力。前手似抱鉤，後手似握劍。出步可鉚肩焊肘硬打直進，追風趕月不放鬆，如虎豹追逐撲殺鹿羊。

第三，出手總以高不過眉，低不過臍，左右不出肩窩為度，守中線顧五行永無凶。要守中用中不離中，回環十字當中求生存。「重心不失，中線不斷」，控制對方中線如牽住牛的鼻子。

形意拳打人如射箭，不管中不中，先看己身正不正，要中正定位、不失平衡再打人。兩手應變之距離，長不過尺，短不逾寸。守住面前尺許空間，待機而動。拳打一丈不為遠，變化就在眼前一寸間。這就是「不必遠求尚美

觀，只在眼前中間變」。不入圈則不動，如進手腳六合圈則接引，進肘膝鍘切圈則裹發，肩胯心盤圈則不讓入也。一寸二踐三弓箭，起落都打「鑽裹踐」。背上拔、臀尾坐，跳動蹬點身法活。「機」就是敵方出手打擊將著未著我身之間，我應手而擊。何須費力，以靜待動，以逸待勞。要知機者以意待之，當神手技矣。

第四，肩肘手三角蓄力斬截斷其手，直線發力奪其身，陰陽回環拍位戳擊，演變弧矢之利以威天下。蓄勁如弓滿，放手如發箭，渾圓爭力借力，隨機用意起落、吞吐、開合、縮放把敵摧。

第五，打人時力不可由內向外張，須由外向內引再發，先回引不過寸，越練越小，最高是用意回抽即發，其法有接力之妙。應敵出手前進時不許向外強撐，因無縮即發、虛而無力，實為怯敵無定力，心慌意亂瞎招架，要上合下開有曲蓄中和藏力，粘實應手再發。出手如同蛇吸食，打人猶如地雷震。

## 六、拳道勁力論

拳道一門是既重力又重法之術，法能以巧破千斤，功能以力降十會。法本無法，無法即法就是法，法不破快，正所謂「一氣通天地，兩氣隔山河」。

形意八卦太極拳都是一寸勁為先，粘身縱力為用，槍棍劍隨勢而用，在勁力上形意打出太極黏隨勁，太極打出形意的戳擊勁。直攻出手便是，巧變如二打一，落空如絲

網罩身化為虛無。千言萬語化為一句話，拳無功一身空，打鐵先得本身硬。初學者必須先有為有法，這與成為科學家、博士一樣，必經小學至大學的知識積累過程。

拳道必經剛、柔、化三個層次。先剛勁後柔化，達到用意不用力的高級境界。柔化勁練拳時，動作用力能體認空氣阻力，身手如在水中游泳，伸縮開合如推波助浪。這就是明勁在手，暗勁在肘，化勁在身。拳法雖就五行、十二形，但一式一拳，步法遠不過尺、近不越寸，守住面前尺許，就是前打一丈不為遠，變化只在尺寸間，待機而動，拳拳具膺，易於變通。

拳法要有臀尾、腰背的對拔起落波浪力、前合力、後蹬點槓桿發力。

左右旋轉回環利用離心力、向心力作用，使對方拔根提氣，上左進右，上右進左，單雙換掌，脫身換影，無形中能產生一種向心力，使對方猶如進入漩渦一般，身手不由自主。

吸化呼發能與大氣相呼應，臀收尾坐，氣沉丹田，其妙如打氣夯一樣。

消息全憑後足蹬，移步蹬點，利用地面的反作用力，勁力均整通透，這就是掌心力從足心起，掌指之功萬人驚。遠打能拋出，下打能彈起。

形意拳採用前後三點步的「前用合膝踩、後用移動蹬點」發力，是「腳打踩意不落空，消息全憑後足蹬」全身伸縮槓桿力的應用，足落拳發，鋒利無比。

# 七、拳道的渾圓勁力

動時全身大小關節無處不藏有上下、左右、前後二爭力。向外爭力如開弓，內抱外撐，回拉前發。形意、八卦、太極拳的各種力，實則仍是渾圓爭力借力開合。前手如秤桿，後手如秤砣，有秤打起千百斤，就是經權試力法，能撐起拔掉對方之根才行。

形意拳練的是往返進退伸縮之法，是雞腿、龍身、熊膀、虎抱頭、虎搶（奪）雷聲，練五種身法變換打人。以劈拳為功，一伸一縮，一呼一吸，調理百骸，是強身健體、練息補氣的上佳功法，久練有體呼吸之感。前腳外撇大跨步有打通三盤之效。

七星相佐是頭肩肘手膀膝足似七拳合而為一、兜裏而進，謂之用勁不用力的整體勁，整體勁身動如山移。肩肘手三停、三催、六合誠圓旋轉，也就是薛顛的「飛雲搖晃旋」的一槍之變。

劈拳金力，是虛中化為實中，所謂皮肉如棉，筋骨如鋼，足外撇墊步，變換身法，跨步進身有騰空搜骨之功。

崩拳木力，四體百骸處處如木之曲而直形，後手從前手臂下穿出，有直從圓出的轉環之妙。木金合併箭射之力，屬實中有虛。

鑽拳虛中水力，如嬌龍游水，墊步換身、靈活隨轉，猶如水之流動無孔不入。

炮拳火力，向前墊步斜身如龍變換身法，合開之勢如

爆炸，屬虛中化實、反歸虛中，動甚速，其性屬火。

　　橫拳土力，沉實敦厚，無處不鋒芒，其力化中，具有虛實之妙用。

　　五行合一體，務必要在勁力上足打七分手打三，五營四梢要合全，氣隨心意用，硬打直進無遮攔。

　　老形意拳就有劈崩炮三拳，盡鑽裏踐之妙。三槍三棍是拳之根源，三槍是曲直落地槍、變中槍、陰符粘黏槍，均是誠圓一變，回拉前紮，粘拿前捅戳擊，撞擊崩打。五行生剋之理並不玄奧，知道便可，千萬不要用意執著。拳擊五拳不講生剋而講開合變通，是形意拳後三點步的具體應用，與拳道理論不謀而合。簡便實用方為拳道，可謂拳無內外家之別，有真假是非之分。外家久練得法能歸內家，內家練不得法照樣是外家而已。

## 八、拳道器械論

　　形意拳三槍三棍稱兩總。鑽裏踐脫槍為劈崩炮三拳，三棍劈捅崩為「胸前、肩頭、腦後棍」化出劈崩炮三拳。三棍有肩在手前之感、手在腦後之意。形意、八卦、太極拳以槍言，是中平槍、變中槍、粘黏連隨槍，三槍歸一槍之變，三拳歸一勢一圈一戳擊之演變。綿中藏針實為圓中藏針，一圓一戳擊，圓圓能戳擊盡槍拳之妙。能脫槍為拳，也能持槍為功。

　　除此之外，形意、八卦、太極拳，暗含刀劍之技，槍刀劍是拳之無形之器。正如岳武穆拳經曰：「形之上者為

道（陰陽變化），形之下者為器（槍刀劍），器如弩矢，弧矢之威，以利天下。」有抖槍劈棍站椿之功，拳法與槍刀劍互融，才可玩味拳道之真。拳空練為筋骨無負荷空載運動，好比汽車帶速空轉可以，一旦掛檔載入就滅火。「拳無功一身空」即是此意。

抖槍劈棍為形意拳器械功。載入受力運動，如抖槍劈棍、扶牆拍樹、打沙袋之功，可使筋骨柔韌強壯，富有彈性和爆發力，出手就能改變對方的勁力。不懂鑽裹踐、粘隨脫、走轉法之竅者謂之拳術門外漢；沒有站椿、劈槍抖棍渾圓爭力之功不能談及功夫二字。

俗話講「月刀、年棍、功夫槍」，劈槍抖棍練站椿，功夫上身百煉鋼，剛柔相濟成鋼強。劈槍抖棍就是利用它們沉、長、顫的特點，使死木杆變活馬，動中變勁而加以控制，有功後一接手就能改變對方的勁力。無負載之功法不能迎強敵。

# 九、抖槍劈棍功法論

槍為武功長器械之首，劍為短器械之冠。槍體現功法，劍體現身法，拳無功一身空。「鑽裹踐，黏隨脫，走轉發，劈槍抖棍練站椿，拳術精華身中藏」，能把槍棍死勁耍活，才能體會變勁發勁之法。

## （一）擰裹圈拿槍

擰裹圈拿屬土為橫。人械一體擰圈抖圓，槍頭因內

裏、外開的圈拿形成的圈串為七寸左右足矣。

　　一圈為擰裏圈拿之法，步法為左前右後定步，也可進寸步。以百度為功。

## （二）劈　槍

　　雙手握槍上舉抱裏，經由胸前、肩頭、腦後拔背坐臀，再隨勢下劈，起落如水之翻浪。

　　步法為踐步或左右一步一劈。以百度為功。

## （三）鑽　槍

　　雙手握槍正反拉涮粘化走圈，向前上方劃一圈隨即鑽紮刺槍。

　　步法為左右一步一圈一鑽槍，用槍練黏意為「你紮我拉，你回我就紮」。以百度為功。

## （四）崩　槍

　　雙手握住槍把最後端，高不過嘴、低不過胸，雙手合力向前照直崩出，力貫槍尖，背拔臀坐抖力崩。

　　步法為寸踐步，左右一步一崩槍。以五十度為功。

## （五）炮　槍

　　雙手握槍平橫由胸部向前上高舉，雙手在胸前劃弧後再上舉翻抖。

　　步法一左一右走成「之」字形。以五十度為功。

## （六）橫　槍

雙手握槍用槍頭前部左右橫向抖擊，以腰身發橫向抖力。步法為四平馬，一左一右槍頭劃圓抖橫。以五十度為功。

## （七）虎撲槍

雙手握槍把的中部，相距一肩寬，如練虎形踐步或一步一撲，拔背坐臀，內勁外發。以五十度為功。

## （八）上抖槍

雙手握槍如虎撲槍，心起口出，向前抖放。
步法為寸踐步或一步一抖。以五十度為功。

## （九）盤手踢抖槍

此功法是攔踢摔法基本功，雙手握槍把的中部左盤右抖踢，右盤左抖踢，左右一步一抖踢。以五十度為功。

## （十）烏龍翻身槍

此功法是背步用吻別槓挑摔法的基本功，是抖槍盤棍拳跤的精華功法，練法是雙手握槍把中部，左盤右抖左轉身背左步，長腰走臉左轉用右腿打槓別。
練法左右一樣，唯方向相反。左盤右抖龍翻身，一左一右一擰身。以五十度為功。（共十槍六百五十度）

# 十、拳以仿道之理，道以統拳之論

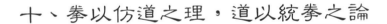

　　蓄勁開弓如弦滿，兩手爭力是渾圓。交手進入動轉態，顧打省力不驚呆，大動小動和蠕動，一觸即發方為動。拳不如掌，掌不如指，指不如藏手無形。手有粘連黏隨撥轉之能，腳有行程之功。勁向相反，勁力相合，謂之六合也。形成螺旋槓桿力，拳術中的摔法是武術力學的應用精華。拳無跤藝不高，跤無拳藝不全，拳加跤武藝高，即是此意。

# 第三章
# 李雲龍《拳術秘要》
# 解脫

　　李雲龍老師有用蠅頭小楷編寫的五十餘頁《拳術秘要》內部傳授資料，1988年10月來石家莊居家傳藝時，准許我在家抄寫一本。

　　其中涉及形意、八卦、太極、八翻手經典要說，形意八卦六十四手以及宋代岳武穆、明代戚繼光拳經精要及三十二勢用法摘錄。

　　得師親傳秘授之厚愛，如獲至寶，文讀武練終日不輟，略有所悟，不敢自秘，今著書立說，公之於世。

　　雲龍師歷拜多門學藝，博採眾家之長。他認為任何一門拳術，絕對的完美是不可能的，都是相對完美而已。即使是宋代岳武穆王、明代戚繼光的拳經拳法，也是集中華民族幾千年來武林名匠巨手的精華總結，非一人所創。要古為今用，洋為中用，他為我用。

　　筆者把向老師請教的拳術解說，從記錄中摘要整理，以問答的形式敘述如下。

## 吾問一：形意、八卦、太極拳哪個拳術高妙？

**師曰**：登封少林寺有一塊碑碣，上有釋迦牟尼、孔子、老子的合人像，一為佛祖，一為儒祖，一為道尊，碑刻讚語為：「三教一體，九流一源，百家一理，萬法一見。」無論是形意、八卦、太極拳，還是其他拳，都有獨到之處，陰陽暗合相參互補，可謂是一體不二的陰陽變化之道。三拳合一、拳道相合之境即是此意。

初練方法各異，深練即內擴外縮曲直伸縮圓轉變化而已。最高境界的鑽裹踐、黏隨脫、走變發，粘身縱力寸勁精巧同然。打即顧、顧即打，出手便是。

三拳以槍言：形意拳是實中曲直槍，八卦掌是撲人變中槍，太極拳是陰符落空槍。

三拳以器技言：形意拳是槍技，八卦掌是刀技，太極拳是劍技。

三拳以性言：形意拳狠毒，八卦掌奸巧，太極拳圓滑。

以勁力言：形意拳曰虎勁，八卦掌曰龍變，太極拳曰獅滾。

以技擊手段言：形意拳用器技就地殺哉，八卦掌如套馬繩套一步三穿變手跌摔，太極拳如撒網粘拿罩身無物能逃。形意加八卦神仙一把抓，形意加太極一圈一戳擊，太極虛靈妙，工夫須下到。纏絲抽絲擰裹翻，亂環法訣走螺旋，圈中捶，捶中圈，拍位戳擊如閃電。

三拳歸一理相通，內裹外翻一回環。達拳術之極致，好比上首都北京，從西面經過的，講有高山峻嶺；從北面

圖3-1　陰陽回環磨轉勁圖

內蒙古來的，路見草原白雲；從南方來的，講有椰林沙灘；從東面來的，講有東海日出，隨說義不同而真實存在。拳種不同，不能說哪個好或絕妙，人為百度之尺，仁者見仁，智者見智，喜歡哪種拳就練哪種拳，拳的精華可以說完全相同。

　　就形意拳、八卦掌、太極拳三拳而論，拳理拳法相通，是一體不二之術，應全面掌握應用。

　　如陰陽回環磨轉手，如圖3-1所示，形意龍頭太極腰，八卦龍尾一勢曉。文武之道可謂是陰陽一體，我以練書法而比喻之，形意拳是在陰陽圓內過圓心臨摹橫平豎直之功，八卦掌是在陰陽圓內臨摹圓圈、戳點之功，太極拳是在陰陽圓內臨摹S形之功。以文通武融會貫通，練武如同練書法，寫書法是橫豎撇捺、拐折彎鈎；拳法是橫劈豎剁、回環橫抽拍位戳擊，手打米字一圓圈，與練書法有同感；文武功法都以意氣力相合為上乘。

圖3-2　去如鋼挫黏著圖

　　所有的武術拳法均要練樁拳得渾圓，參陰陽變化之道理，用三節四梢六合之法，歸人體力學之巧而盡然。黏挫發落點如圖3-2所示。

　　形意拳是直中藏圓之術，橫拍豎戳不見其形，斬截落空用心意走圈。

　　八卦掌是用斜身法走圈打點制中渾圓之術，是走轉落空合擊之法。

　　太極拳是抱圓變化之術，用引進落空擊打之法。

　　三者均是一圈一氣陰陽變化之術。接手用黏著力走磨轉勁，對方有進入漩渦中之感。

　　形意八卦巨匠劉德寬傳八翻手是中國武學的精華，1915年名揚京津的形意八卦大師韓穆俠，只用摘撞掌接手一掌就打倒了俄國大力士康泰爾，用掌也是暗中帶旋轉的。八卦六十四掌都是一步三穿摘撞掌開手變式，打得是形意拳的勁力，太極的黏勁。

## 吾問二：拳道的實質勁力是什麼？

**師曰**：形意、八卦、太極拳，好比是宮殿的三個不同入口，進入門牆之內的手法勁力是相同的。也就是一圈一戳擊，一槍化出鑽裹踐，一棍化出劈崩炮，形意八卦太極拳，陰陽暗合一圈含，都是曲中求直，圓化直發而戳擊。所不同的是老師掌握傳授的是否全面。

少林拳講滾進滾出，勁力有講旋轉的，有講擰轉的，有講擰麻花勁的。明勁在手可以用電鑽來比喻，就是旋轉勁。暗勁在肘可以用衝擊鑽（電錘）來比喻，衝擊帶旋轉。四肢八節順逆纏繞，內裏外翻，都是「反者道之動，弱者道之用」在人體運動上的再現。一陰一陽謂之道，變化莫測謂之神。順力打力爆發力瞬間完成，這就是拳道相合的實質。

岳武穆雙推掌肘部開合勁如圖3-3所示。形意拳的直攻進取，攻堅擊銳，用肘部的起落開合發出旋轉帶衝擊的

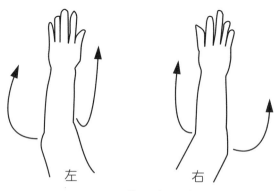

左　　　右

圖3-3　雙推掌肘部開合圖

勁力；八卦掌的變化步法和手法；太極拳粘連黏隨控制勁力如絲網罩身。三者缺一不能稱之為上乘勁。

崩勁太直難以變化，撞勁太促難以起落，粘顫寸勁是上乘勁。出手無形，手到勁發。黏勁就是黏挫之力，以手臂的尺骨和橈骨接手，好比是鋼銼遇鐵有黏著力，黏著力的大小和接觸面積的大小、壓力磨擦係數有關。對方的頂力、挑力和壓力越大，產生的黏挫力就越大。

從勁力上講，足下要有踩抽力；手上要有上弧力、下弧力（棗核勁）、旋轉勁，肘部開合起落的衝擊勁、翻板勁、槓桿勁，守中用中不離中的拍位戳擊力；發勁方向上要用意對準對方中心線、重力線，落點處發力。功力是拳法勁力的基礎，功力來自站樁，站樁達到渾圓時，發勁有透電之感，一般須用十年純功。

**吾問三：何為形意拳的雞腿、龍身、熊膀、虎抱頭、虎搶雷聲？**

師曰：形意拳招式古樸，自然風雅，勁力渾厚，丹氣充沛，定形藏意，無過不及，儼然風雅文人貴事之流，含蓄而自然。

關於雞腿，主要是兩足虛實陰陽分明，動作靈活捷如猿豹，步法非常簡單，不弓不馬，不蹦不跳，足踏中門之地，手運用中之線，身在中正之道，意守中和之氣，似曲非曲，似直非直，似發而未發，似運而非運，觀似不動，而暗藏橫抽速動之意。在於形體重心之調配，三七步單重發勁實技擊勝人之訣竅也。

後腳跟、前手尖和鼻尖，三尖相照在同一垂直線上，

前腿提膝，使腳後跟有離地之感，後足蹬，前足向前踩抽，步落勁出，掌心力從足心起。要粘身縱力，抽我身之力而發，否則不得其妙。如此能鬆緊不滯，勁斷意不斷，意斷勁相連，這種發力方法，非單重發力，不能將完整之力全部逆送到對方身上，此非真傳不易所得。用意支配我身體之筋肉，剎那間一緊，而力已逆送到彼身。手部翻板勁圖如圖3-4所示。

　　雞腿一足落地生根為陰，一足放鬆跟進提步為陽，我發高手時也須重心下降，方法是上兜下坐，前發後踏。

　　技擊斷手之目的，就是以爆發力迫使對方重心失控驚呆的瞬間，粘連黏隨控制對方而戳擊。橫抽發力擊無不中。我之重心始終放在一條「載七」的實足上，以「載三」之虛足護衛之，其勢如不倒翁。重心下降並始終保持在一個點上，重心點之外的面積，受到外力作用而改變位置時，隨時可改變為其臨時重心點，故重心點之外面積上

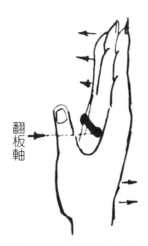

翻板軸

圖3-4　手部翻板勁圖

的任何一個點都能起護衛實際重心之作用。只有單重發力，才能做到遍體似彈簧發出整體震彈力。

來回勁非單重不能發出「冷、脆、快、重」之勁，並能連續往復發力。要隨時調整兩足虛實比例，保持力之均整，發力時兩肩不能貫勁，要鬆肩坐臀凸命門，前丹打後丹，力由足出，三角蓄力，直線發出。

無論主動或被動發力均在我，須知力生有二，二則歸一，蓋反者力之動，順行逆出，欲吐先吞，欲開先合。同理可以由一反二，向上發力要上兜下坐，欲左先右，前發後踏，上搠下按，下按上發，回捋前撞等。

槓桿勁以此理可運用到身體的左右上下，分成槓桿翻板力，但也必須先把足下雞腿陰陽虛實的勁力調好。這就是形曲力直，神圓力方。

雞腿在發力時能運用呼吸之彈力，屈膝坐胯沉力，利用地面之反作用力，可加大爆發力。發力之時兩足不能站在一條橫線上，發勁之際，臀尾下坐，腰和襠是調節重心勁度、增強力之均整的關鍵。為克服打擊彼身而產生的反作用力，控制己身之平衡，我必須重心下降，前發後坐保持下體穩固，上體虛靈。技擊斷手，也能鍛鍊運用人的一種自然力，但須經用意鍛鍊有方才能有所得。

岳武穆王拳經所述，膝分膝打，膝起望懷，足起望膝，其形如寒雞獨立行走。其勁路是練就天地人三才步，一足用七分勁力支撐身體重心，另一足用三分重量前後、左右護衛重心腿，兩足虛實倒接猶如不倒之翁。前進發力，前虛後實，前三後七。後退發力，前實後虛，則前七後三。支撐範圍為一尺七八，過大則滯，過小則虛。進退

時以三角步法迂迴，擰擺橫搖，進能佔優勢，退能避其鋒，這就是雞腿拉擦步之妙。

技擊發力時，前進或後退之虛足，對地面施加的作用力越大，發出的爆發力就越強。虛足蹬地所產生的反作用力就是拳經講的「消息全憑後足蹬」。進退之虛足，足尖一點地就是槓桿力，就能將人撬起打出。

龍身是龍行三折，腰部活潑，渾身蠕動，是屈膝坐胯，上開下合，下開上合，搖身活胯，脫身換影，猶如神龍遊空。手腳齊到是講勁力而言。身法上拔下墜中束練，如S形，背拔臀坐外挺內堅，龍蹲虎坐抽身長手，有拔地欲飛之勢、狸貓撲鼠之神。

薛顛師伯在《象形拳術真詮》一書中講的飛法，就是進步如飛法，後足尖挺勁蹬力，膝蓋上提，前足變後足全

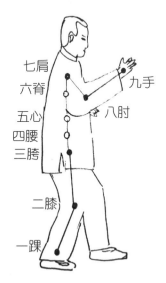

七肩
六脊
五心
四腰
三胯
二膝
一踝
九手
八肘

圖3-5 九曲珠發勁踩抽圖

足蹬力，膝蓋下跪勁，兩膝裏合勁，蘭母（方言稱謂，意指腹股溝處）要鬆軟。練的就是進步如飛追打法。

熊膀是模仿熊象豎項上頂，兩肩垂而不縱。在心起口出時，藏肩裏肘、窄身疊步、脫身換影動態時的裏顧之形為熊膀。如九曲珠發勁踩抽時的肩部下沉為熊膀，如圖3-5所示。

虎抱頭是岳武穆拳經講的，能裏護內外五行的手法為虎抱頭。守中用中不離中，回環裏顧永無凶。可觀貓保護頭面用爪內裏外翻的叨抓之形。

形意拳最早是貓形，由李洛能將貓形改為虎形，並加駘、鼉兩形，由十形完善為十二形。有的稱虎抱頭為獸頭勢。形意拳出手心起口出，兩肘不離肋，兩拳不離心，出洞入洞緊隨身，手人發力要快出快回，保持虎抱頭之狀。做到形不破體，勁不冒尖。再就是頭頂項豎有猛虎獵豹獸頭之象。裏抱雖是內縮裏顧法，但內裏必有外掙之力，否則被欺逼易為人所制。

虎搶（奪）雷聲，是出勢虎撲，起手鷹捉，發聲吐氣，不在恐嚇對方，而是意氣相連聲之妙用，調動全身的氣血細胞，產生與空氣相呼應的空氣振彈力。

## 吾問四：何爲形意拳的五毒五訣？

**師曰**：五毒五訣是踩、撲、裏、束、抖。形意拳岳武穆拳經曰：足打七分手打三，五營四梢要合全，氣隨心意用，硬打直進無遮攔。手心力從足心起，掌指霹靂萬人驚。形意拳犁地踩踏、疾步緊跟、勁力直射，全身三三見

九節，行如九曲珠，吸化呼發，無堅不摧。向下的踩抽力越大，反應到手上的勁力就越強。

五毒五訣之勁首先是踩撲勁，裹束是裹顧伸縮勁，抖是猛獸、猛禽抖毛、抖翅之功，拳道就是用肘和手的對應開合，取其抖勁的精義。是一氣一勢之變。前用合膝後蹬點，心意一動勁猝然。行如槐蟲，起如挑擔。未落如墜子，未起如摘子。上兜下坐，前發後踏。顛足踩打，踩如踩毒物，如一腳下去踩不死反被其咬傷。

撲如猛虎撲羊，撲勁的大小，有無透力，全在腳下的踩抽力是否有功，當年李振邦師爺教弟子有時根本不看，只在一邊用耳聽其聲音動靜，便知有無踩抽之力，下用足的踩抽合力、上用腰身挺抖勁力，合在一起為踩撲。

裹為提膝裹臀，猶如刀叉分刺，挺丹填腰勁如滿弓。

束為拔背坐臀沉身而發，臀收尾坐，前丹打後丹，發聲吐氣，吸化呼發與大氣相呼應，全身有空氣的振彈力。

抖是用丹田開勁，肘部開合抖動旋轉之炸力。

岳武穆拳經曰：背尾全憑精靈氣，束展二字一命亡。就是講形意拳功夫上身，輕者打他個驚心動魄，重者能用掌將人撲死。

## 吾問五：形意拳三尖相照有何功用？

師曰：三尖相照是拳術技擊應用人體力學的基本準則。三尖不照，勁力不能直射。這一點岳武穆、戚繼光拳經上均說「三尖不照，能發不發皆病耳」。

出手或持器械均要手尖、腳尖與鼻尖上下相照。如接

圖3-6　接手半面螺旋發勁圖

手半面螺旋發勁，如圖 3-6 所示。無論是單手，還是雙手，都要遵循三尖相照的要求。接手托肘，用螺旋掌變推山入海掌。

單手也是三尖相照，手部一旋轉「有點」就發。這一點要用意做到，如射箭般，必須立身中正，不管射中射不中，先看己身正不正。應用上猶如打活靶。能發不發，是拳道之大病，枉費力氣而且有被擊的兇險。

要神意集中於對方的發落點（在中線的胸部），守中用中不離中。上弧線發，下弧線發，旋轉發，肘勁開合發，均是渾圓一體，一觸即發。

## 吾問六：何為形意拳三寸法？

師曰：一為足下寸步向前發，粘身縱力後足蹬叫後寸步，統稱前後槓桿步。教拳不教步，教步打師傅。

三才天地人，半步寸行法。二為寸手，裏顧戳擊手不越尺，回環轉手，拍位戳擊。拳打一丈不為遠，變化只在一寸間。三為寸勁，吸化呼發，利用空氣振彈力，發猛虎坐窩之炸力。岳武穆拳經曰：守住面前，長不過尺，短不越寸，善用者神技也。

## 吾問七：何為形意拳身前三圈？

**師曰**：交手時，一為身前空間圈，二為手腳六合圈，三為肩胯身盤圈是也。對身前空間圈，動要緩，能進丈功用五尺，他進五尺也等於我進，合而為丈，近身法也。三尺以外、五尺以內的身前圈，要像岳武穆拳經所說「寧在一思進，莫在一思存」。

手腳六合圈時要拍位戳擊，出手便是。拳經曰：打即顧，顧即打，出手便是。大圈中圈和小圈，要隨勢而用，一有來手就橫抽戳擊，回勾前刺，鑽翻劈打。肩胯身盤圈，要斬截裏胯根本不讓他入。技擊近身、發力為兩大要素。先打顧法後打人，原來確是打本人，打了本人也就顧，顧打齊出（粘隨脫）人難進。

## 吾問八：何為形意拳五行合一體？

**師曰**：形意拳五行是五種身法的發力，不要只意注手型，不分劈崩鑽炮橫，一動手就是整個形意拳。一槍之精是鑽裏踐，一棍之華為劈崩炮。

練時分之有別為初學入門之道，合而為一變化無形為

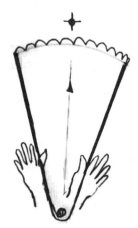

圖3-7　扇形發勁圖

用。形不破體是八字九歌二十四法不丟，勁不冒尖是用整體力，不用局部力，稱為用意不用力之妙。

　　五行拳先練劈拳，一伸一縮一呼吸，氣息運轉周身可達體呼吸之效。要終身不丟劈拳功。如形意拳兩手發勁，扇形勁力如圖3-7所示。

　　內五行為肺肝腎心脾，外五行為劈崩鑽炮橫。內外五行合而為一，心動如火焰，遇敵好比火燒身。肝動如飛箭，出手如箭穿。脾動大力攻，縮極而展放，無堅不摧。肺動沉雷聲，發氣吐聲，以聲助氣，以氣助力。腎動快如風，出手似閃腎為本。

　　在拳法上劈拳為橫劈、豎剁、左砍、右撇砸；鑽拳沖天上下翻；崩拳見孔就入勢相連；炮拳是高手架，低手壓，不高不低拍手發；橫拳是顧法，單手要用截手炮，雙手裹顧拍位發。頭肩肘手胯膝足，七星相佐行，渾圓爭力用，五行合一體，放膽即成功。

## 吾問九：何爲形意拳十二形爲一勢之變？

**師曰**：形意拳是象形取意拳，根據天干地支化出五行十二形拳法。形意拳拳經曰：遠取諸物，近取諸身。熊鷹兩儀，取發爲拳，陰陽暗合，形意之源。

五行爲功，練就三節四梢發動之勁；十二形爲法，取其天然野性搏殺之精義。一拳一勢，一勢順遂，拳拳順應，自增靈氣。十二形相合仍歸「鑽裏踐」一勢之變，一動手就是整個形意拳，爲五行合一體，十二形爲一勢。

一拳一形皆非是，一身龍虎之骨任橫行。用人體力學加渾圓爭力借力之功而盡然。因拳法較多，不提煉歸一，用時必有心意繁亂之弊。相合爲一，化爲虛無，虛無爲一圓也。

無爲有之本，有形戳擊之法隱於無形之中，謂之誠圓形意之術，非誠之徒不能盡悟其拳義。這就是法本無法先學法，無法即法最高法之真諦。

## 吾問十：形意拳用腳和摔法嗎？

**師曰**：無論是什麼拳，抓拿踢打摔而已，都要充分發揮人體本身的力學特點。能用腳和摔法時爲什麼不用，豈不是犯傻成愚耳！拳經曰：擊首則尾應，擊尾則首應，擊中則首尾相應。上至頭面，下至足部，是人體圓轉的最佳力點，下部要巧勾，上部探馬發。

拳術的技擊自衛，哪種方法快而有效即爲拳法，摔法

是武術中的精華，為啥棄之不用？戚繼光拳經云「能發不發是拳之大病」，切記之。

形意拳足下虛實分明，便於起腳截蹬搶位和使用摔法。當年你薛顛師伯和胡躍貞師伯在太原我家交手比藝，薛顛用撐磨腿打摔一勢，將胡躍貞打倒。

龍形翻身、狸貓上樹、金雞抖翎、燕子抄水等均可用摔法。功夫勁力上身後，用單手劈拳、雙手虎撲均能把人打出數步而仰倒。楊露禪宗師交手三大特長是搬攔捶（似崩拳）、玉女穿梭（似炮拳），加用腳下部的勾掛摟掃、截蹬踢踹之摔法。

## 吾問十一：八卦掌的交手特點是什麼？

師曰：八卦掌是走圈打點制中之術，一步三穿，走中變，變中打。身手變化如游龍，避正從斜勢如攔驚馬。進步挑掌陰陽回環變手，「走轉發」連環掌橫豎找勁巧變發手。出手用意也是鑽裹踐黏隨發，獅子抱球左右旋轉發力，隱心藏形全在用意。脫身換影，手長身縮，正斜變化走轉落空，本身就能產生一種無形的離心力，能使對方拔根提氣。只要扣步翻身就是正身法，正身法和形意拳相同，這一點無可非議。

先師董海川和郭雲深比武較技，二人均認為拳法功法相通，後形意八卦合為一家，可謂形意八卦神仙一把抓。八卦掌搭手就走，旋轉落空是其特點，窄身疊步脫身換影是中偏互變法。

八卦掌的搬攔截扣、推託帶領之法，與形意拳的斬截

裏胯、挑頂雲領，以及太極拳的掤捋擠按、採挒肘靠，有異曲同工之妙，用法相同。

## 吾問十二：太極拳的交手特點是什麼？

**師曰**：你問的是技擊交手而不是健身，健身是運動就有效果，慢跑快走鍛鍊都很好。

太極拳能健身能技擊自衛。必須急來急應，瞬間接手而發，不然遇快手，一拳被人打個滿臉花，還講什麼粘連黏隨，後發先制呢？切記要慢練快用，急來急應，掤捋擠按一氣瞬間完成，引化拿發、黏隨脫合一而用。務必分清太極打拳、推手和技擊的區別，太極是獅滾形，練法有快慢之分，太極單操快練要打出形意快勁，形意要練出太極的黏隨勁。

太極拳一代宗師王宗岳，得武穆王雙推掌變回環抱球練渾圓之術，發勁帶旋轉，軌跡如橄欖球形，走上下弧線照準落點而發。旋轉勁力圖如圖3-8所示。

楊露禪交手講側面接手有拍點，引化拿發呼吸間。一接手瞬間旋轉變勁於無形之中將人打出。

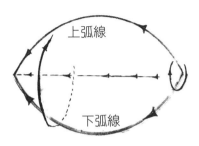

圖3-8　旋轉勁力圖

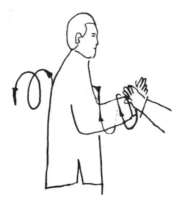

圖3-9　順進逆出螺旋纏繞勁圖

　　太極拳講急來則急應，慢來則慢隨，歌訣云：「快手斬截慢手粘，扼住對方莫等閒，能發不發就兇險，打拳學藝非真傳。」形意拳鑽翻纏繞勁，順進逆出螺旋纏繞勁如圖3-9所示。

　　先師楊班侯交手哼、哈呼吸間立決勝負，與形意拳意氣力相合發氣吐聲同然。應用精華是「老三刀黏隨脫」，即纏手、擊地、撤身捶，就是粘連黏隨纏手捶，螺旋纏繞正反變勁。訣竅也是守中用中不離中，發落點對即成功。

　　太極拳是抱圓守一渾圓之術，身前如一渾圓球體，出手如網罩身，粘拿瞬間一觸即發，發就是發落點，發勁打不上發落點（對方的中線胸部），好比打槍不中靶。勁力如彈是旋轉的，用意發到落點處對方即出。

### 吾問十三：何為岳武穆脫槍為拳？

　　師曰：形意拳創拳根源是岳武穆王脫槍為拳的中平槍、

變中藏圓槍、粘連黏隨槍，三槍合為一槍為鑽裏踐。飛雲搖晃旋大槍一圈之變，是藏圓之術，是形意拳交手變化之精華。形意拳以立圓縱力著稱，但一圈一針，無圈無針，隨意戳擊。或發一槍為拳之論，槍的「擰裏圈拿壓，劈砸攉挑紮」之精華化為「鑽裏踐」，鑽裏踐做成一個動作，出手就是拍位戳擊，在拳為劈崩炮。

太極拳是平圓藏針，八卦掌是斜圓藏針，形意拳是立圓藏針。走圓為柔，戳擊為剛，剛柔相濟一槍之變。

形意拳將三拳概括為「熊鷹兩儀，取法為拳，陰陽暗合，形意之源」。五行十二形合一勢之變，為鑽裏踐三拳一勢之用而已。起手抬槍為鑽，圈拿黏壓為裏，前紮動步為踐。槍法一字功為「你用紮，我用拉，你一停，我就紮。黏法之精義，拳法之精竅」。

形意拳可遠取諸物，以萬物當器，視其不過是身手的延長；近取諸身，以手仿槍而用，槍柔而身手也柔，槍能發剛勁，脫槍更能如此。形意拳脫槍為手則為，內裏外開一回環，出手如槍有圈串，拍位戳紮打連環，萬礴高山滾石下，勢如破竹是一下，犯了招架是十下，認準他手奪他身，出手如斧鉞鈎叉，回勾前刺，隨勢劈砸斬截，破他中和不濟勁。

## 吾問十四：何爲形意拳七星相佐？

**師曰**：形意拳的七星歌曰：「打人定要先上身，手腳齊到方為真。」頭肩肘手胯膝足，相助為友，進步搶位全身是拳。意要勝人，步要過人，身要撞人，出勢虎撲，起

手鷹捉。動則是整個形意拳的崩翻，這就和形意拳五毒五訣一樣，是一體之作，用時為一勢之動。

七星是身體的七個部位，要用意整體而進以相佐助，用意不用力明講之要。分而言之，頭打為獅子搖頭，用法刁、搖、晃、碰、頂是也。

肩打為一陰反一陽，伏身一靠破銅牆，吻肩反背揭拋強。肘打為起落豎橫肘法妙用，藏肩裹肘橫釧豎頂，肘打捶撇變化無窮。手打為起手如鷹揚，對面人難防。胯打外用龍翻身，裡用凳腿四平分，跟提步法抽換真，消息全在兩胯根。膝打膝分陰陽變，膝頭胯墜要自然，打中要害能致命，猛虎出籠是真形。足打踩意不落空，勁力全在後足蹬，進步合膝全身攻，七星相佐乃大成。

## 吾問十五：柔勁的功用？

師曰：先說什麼叫柔，簡單說劃圈為柔，直發戳擊為剛。柔為本體，剛為作用；剛為骨架，柔為血肉；柔多變，剛直發。無柔不能粘連黏隨，不能盡圓轉之妙，無剛受欺必是窮。無柔不能化解對方來力。善用剛柔相濟之妙，方可長久挺立自強。太柔則靡，過剛則折。人若無剛則無以自立，若無以自立則無以自強。

老子、莊子主張以柔克剛，以弱勝強。天下之至柔，馳騁天下之至堅。江河所以為百谷之王者，以其善下。天地間陰陽相磨，剛柔相蕩，柔順收斂，抱殘守缺。天有孤虛，地缺東南，未有常全不缺的。日中則昃，月盈則虧，天道之理，萬事萬物亦然也。表面痛快乾脆似乎強，結果

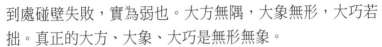

到處碰壁失敗，實為弱也。大方無隅，大象無形，大巧若拙。真正的大方、大象、大巧是無形無象。

術以柔為貴，柔不是軟，有柔無剛必是窮，有剛無柔不為堅，用柔達到剛強效果為柔。剛柔相濟，宜剛就剛直攻近取。多數拳術都講剛、柔、化三步功夫，不講的也不脫此理，不會越級而過。

太極拳是以柔著稱，初練動力定形，而後才有陰陽虛實變化，隨方就圓剛柔相濟。運動如百煉鋼，鐵坯料上爐見火變軟，必用力錘打方可成形，這就和練拳正架子一樣，如果沒有固徵其異的剛性規矩，便不成方圓之定形。這和人在初始崛起時一樣，不可無勇無剛、求平求穩，而在成功得勢時必須求淡泊、求平和、求退讓用柔。這就是初步明勁剛勁過後，必用柔化之勁。

柔勁是附在剛勁之中的一勁，不能單講為柔，也不能單講為剛，剛勁能直發，柔勁能變化，相濟互用方為拳術之正勁。柔勁走圓主吸化，剛勁見方主呼發，用意打出驚炸力。剛柔不能分離，剛勁無堅不摧時，柔勁也鬆彈有餘，不然發不了爆發寸力。

動生陰陽，靜生剛柔，鬆柔的效果越好，力的作用距離越長，發勁越有透力。以軟把大錘擊開巨石，乃是剛柔相濟力學原理應用的極致。

李振邦師爺講，他的爺爺李洛能體會岳武穆「發一槍為拳之意」，練槍悟拳，擰裹圈拿所走出的七寸圈串，可謂百煉純鋼成繞指柔。形意拳為藏圓之術，以腰帶手、肩肘手一串圓圈，就是繞指柔也。

戳崩抖擊之剛力，沉身抖丹吐氣發聲，如龍吟虎嘯，

氣貫長空。硬打直進明勁初步功夫，不足為奇。柔勁猶如絲網罩身之扼勁，能有繞指柔功，也能發剛寸之勁，否則練得是軟而不是柔勁。

## 吾問十六：何為腳打七分手打三的勁力？

**師曰：**形意拳的腳打七分手打三勁力是講全身下重上輕，猶如不倒翁。高樓大廈、千年古塔都是下重上輕基礎穩固，此乃力學自然之理，形意拳亦然。手是兩扇門，全憑腳迎人，指的是跤術。

首先從身法上說起，龍蹲虎坐，重心下沉。形意拳三七步，七分載重實足是力點，三分載重虛足是支點，拳掌為擊打作用點。前後變動陰陽互倒，有點就勁力直射，記憶體「扶正打斜」凌空之意。拳經曰，未起如摘子，身手肩背上拔；未落如墜子，臀尾下墜。老式形意拳講用意「扶正打斜」，向前上有斜頂力。用意在足發於腿，才能勁力直射，收下重上輕的凌空之效。

李洛能宗師的練法特點為中正挺拔，沉身就發，足用七分手用三，五營四梢要合全，粘身縱力進合膝，氣隨心意用，硬打直進無遮攔。

打人的勁力大部分藏在下面，動步陰陽虛實分明，意動則發。足有雞腿的獨立之功，一腿用七分力支撐定位，另一腿用三分力移動抽換放鬆，瞬間蹬地發力而攻。行如槐蟲，起如挑擔，變化就在足下面。足跟一提膝開弓，鼠夾打鼠一般同。起如熊形落如鷹，消息全憑後足蹬。

「消息」不是指勁力，是動發的機關，鼠夾支點為消

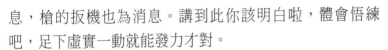

息，槍的扳機也為消息。講到此你該明白啦，體會悟練吧，足下虛實一動就能發力才對。

## 吾問十七：形意拳八字功的用法？

**師曰**：形意拳用法八字，也就是斬截、裹胯、挑頂、雲領八字。斬（也為擴展）截為攔截法，接快手非用斬截不可，否則必敗無疑。劈拳斬截通常為五花炮、截手炮，劈拳不是光用掌為劈，也可以握拳練劈拳下砸，山西太谷至今還保持此種練法。

不能形而上學或食古不化，握拳或以掌為斧，撇、劈、砍、剁、砸均為劈拳用法。它是交手法，是根據高來挑，低來按，中來雲走撥轉的瞬間變通法。

李振邦將此傳給薛顛，薛顛練得出神入化，變化莫測，一般練法不能為也。看《象形真詮》的圖說，不能觀其變化之神妙，你看我練，可以體會到形意拳親傳秘授的重要性吧。

裹胯是利用離心力裹顧卷合，卷裹得越緊，爆發力就越大，猶如卷炮然。手法的回環轉合，足下的提膝抽胯蓄勁，似刀叉分刺，如滿弓之弦。橫向開合鍘切之法，裹為橫胯如跨馬的四平馬，裹為合，胯為開，起手鷹抓四平足下存身。肩胯肘膝相合，能用肩不用肘，能用肘不用手，即是裹胯之意。

挑頂乃是上挑前頂，猶如沖天炮。炮拳鷂子入林用法，實為高來挑，低來壓，中來回環拍位打。頂也為向前「扶正打犟」的斜頂之法。

雲領橫雲，勁力屬土，如烏雲翻滾，裏顧順勢引領之謂也。是產生離心力、向心力的具體手法。上左進右、上右進左的三角步法，窄身疊步、脫身換影，就是遊身雲領，起手鷹捉為雲領，摘撞掌為雲領。至於說哪個字用哪拳哪形，實為教條不可取，作為初學入門之法還可。學以致用，用以致活為貴，不可拘泥。

## 吾問十八：形意拳五行生剋的功用如何？

師曰：五行生剋的說法，經數百年眾人的推波助瀾，把拳術演變附會於易理之奧，令學者有不明真相之感。四象五行、九宮八卦、河洛之論，似有玄談之嫌。知道便可，不必深究。

其實無論是少林拳、形意拳、八卦掌，還是太極拳，都是滾進滾出回環變化而已，這就是飛、雲、搖、晃、旋的回環變手。上托下按中捧擠，不管生剋易之理。滾動發力圖，上挑下發，如後滾發勁圖（圖3–10）所示；下壓上發，如前滾發勁圖（圖3–11）所示；右轉左發，如右滾發勁圖（圖3–12）所示；左轉右發，如左滾發勁圖（圖3–13）所示。均為圓轉曲中求直戳擊之術，橫抽拍位戳擊之法，不懂此法，形意、八卦、太極可謂是瞎修盲練，終不能登武術之門徑。

關於相生之論，劈拳生鑽拳，鑽拳生崩拳，崩拳生炮拳，炮拳生橫拳，橫拳生劈拳。相剋則劈拳破崩拳，崩拳破橫拳，橫拳破鑽拳，鑽拳破炮拳，炮拳破劈拳。五行生剋往復無窮的精華，也就是粘連黏隨陰陽回環橫抽變手戳

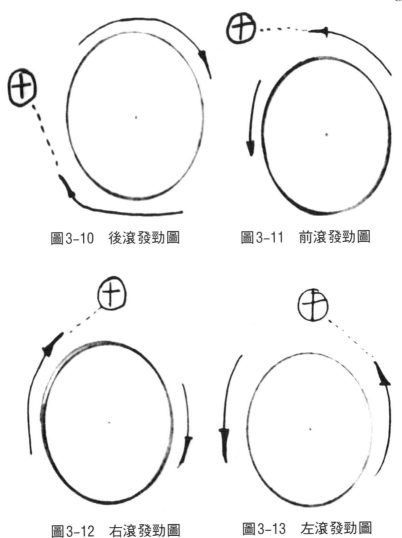

圖3-10　後滾發勁圖　　　圖3-11　前滾發勁圖

圖3-12　右滾發勁圖　　　圖3-13　左滾發勁圖

擊。初學者知道有此一說即可，千萬不必過於執著，無心
無意觸覺變手方為真。

　　拳擊只有直、刺、勾、擺、拋五拳，但變化無窮，顧

法為一拍二擋三遮攔，抱他抱己莫等閒，不講五行生剋不也挺好嘛。

岳武穆傳脫槍為拳，鑽裏踐為法，只不過渾圓爭力耳。立身中正，守中用中不離中，三尖相照要機靈，能發則發不留情是也。陰陽消長，五行生剋，虛實動靜，靜為本體，動為作用，靜為根固，動為梢用。大動不如小動，小動不如搖晃蠕動。不動曰靜，靜極而動為生生不已之動。觀似不動，實則用意回環旋轉，遇手則所向披靡。左右旋轉靈活妙，五行一動如雷鳴，即是此意。旋轉斬截打對方之梢節，再反動奪其根；打伏擊以靜制動，均是用不動為靜之根本，去戰勝其梢節之動，豈有不勝之理。

## 吾問十九：何爲奇正相生？

師曰：奇正相生也可講為陰陽相生，動生陰陽，靜生剛柔。曲為奇，直為正；柔為奇，剛為正；劃圈為奇，戳擊為正。陰長陽消，陽長陰消；陰縮變為奇，陽復原為正；防守為奇，攻取為正，是為形意拳奇正之法。

形意拳一代宗師李洛能曰：「動中縮勁奇正變，一開一合是先天。」奇正分而言之，奇為一顧，正為一打，顧打相合為奇正變化無方。奇正兩勢暗藏鑽裏箭之法，熊鷹兩儀之理。蓄勁裏顧為奇，發放戳打為正。

以槍論之，內裏外開為奇，向前戳紮為正。以彈簧論之，壓縮爭力為奇，彈開崩放為正。

形意拳的特點是一勢一拳，一拳一勢，均是奇正變化。形意拳練的就是往返進退伸縮之法。前足點地欺身為

奇，橫抽蹬地戳擊為正。上下為起落波浪力，前後進退為伸縮勾挫力，旋轉為開合橫抽力，兵法講為奇正也。

以拳勢論，起鑽為奇，落翻劈打為正，如劈拳手起鑽，左手抒回橫足墊步為奇，進右足劈右拳兩手落翻為正。鑽拳橫左足墊步為奇，進右足右拳起鑽，左拳落翻撕摞為正。崩拳左足前右足後，突出右拳拗步為奇，再打出順步左拳為正。炮拳前進雞腿兩肘抱肋為奇，拗步突拳為正。橫拳前進右雞腿為奇，進左步出右拳拗步為正。拗步合勁上下擰轉，順步打開奇正變。

此為五行拳前三點步奇正之論，其餘各拳後三點步，後足全憑後足蹬勢，以此類推。

## 吾問二十：形意拳拳道相合的實質是什麼？

**師曰：**形意拳一代宗師李洛能說過，學道者無他務，養氣而已。形意拳之道有三種功夫，三種練法，三層道理。三層功夫是易骨、易筋、洗髓。三種練法是明勁、暗勁、化勁。三層道理是煉精化氣，煉氣化神，煉神還虛。拳道相合應奉為主旨。

採天地日月之靈氣，內抱外撐練渾圓之功，渾身有長刺之感，有觸即發。斯術確與丹道合而為一。淺者舉手投足，深者與道合一，拳仿道之理，道統拳之變。天地人三步的疾步緊跟，就是陰極陽生、陽極陰生的應用。

伸極而縮動中縮勁，反者道之動是爭力借力，弱者道之用黏隨發。順行逆出橫抽戳擊而用之，左右避讓前後進退之法其妙無窮，是拳道之理，在拳法中為應用的極致。

伸縮變化如撞針彈簧那樣，往復無窮可連續發力謂之神
變。這是講拳法之奧妙變化之根本，但更重要的是練形意
拳的內養功法——龍門派道家氣功。

形意拳講藝不輕傳，武不善做，由好動善動而不輕
動。形意拳是智用順成貴合之術，入門得道以慈悲為懷，
拳毒心善可謂毒而不毒，不輕易傷人害命。

形意拳真傳教人很慎重，劣徒無德之人不可教也。拳
經曰：「三催六合無雙傳，多少奧妙在其間，若是妄教不
義人，招災惹禍損壽年。」一些非分之徒，不會練功愛索
弄是非，會一鱗半爪，即出口言不合道，橫行鄉里，有辱
武德，正所謂善不積不足以成名，惡不積不足以滅身，胡
作非為，最後不得善終。

練形意拳不會練丹養身，可謂登寶山空手而歸。拳經
曰：「精養靈根氣養神，養功養道見天真；丹田養就長命
寶，萬兩黃金不予人。」

## 吾問二十一：脫槍為拳，拿槍為功何意？

**師曰：**形意拳一代宗師李洛能總結的歌訣如下，希望
你誠心敬閱，心領神會，便知拳槍的功法互變性。

「內裹外開一回環，有手拍位就戳穿，藏圓之術道為
本，反動弱用不離圈，圈柔戳剛，剛柔相濟。形之上者道
為本，形之下者器為先，器乃弩矢弓與箭，弧矢之利意威
拳」。你用紮、我用拉，你一停我就紮。脫槍為拳空載
行，出手攢鑽如螺旋，肩肘手來手肘肩，曲伸開合如槍
串，起橫有橫不見橫，落順有順不見順，橫衝直撞任意

用，旋轉拍位如神功。

形意拳三槍三棍為兩總，要抖槍劈棍，增大功力，好比打鐵先得本身硬。不練抖槍劈棍，全身沒有抗振彈力的強度，如百煉純鋼最後也要淬火之功，不然難碰硬物。脫槍練拳圓中變直，直中變圓，可謂誠圓之根蒂。

薛顛能把形意拳誠圓之術演變成飛、雲、搖、晃、旋五法，也不脫一槍之變；是五形拳正功之上的交手法。

飛是進步騰步如飛追法也；雲是內裏外開滾轉斬戳；搖是上托下翻如端盤墜碟；晃是捋奪晃動其根；旋是懷揣八卦回環拍位戳擊。踏中門是一對一之勢，八卦盤旋走邊門跨死角，是兩打一欺人之法。

拿槍為拳負載功，百煉純剛氣道通，行如槐蟲起如挑擔，奧妙就在動步間，一足陰來一足陽，動中縮勁開弓張，形如拔河，力如伏弩。體重要往臀上掛，重量變成重力波，有人敢向面前站，如箭穿靶一個樣。

## 吾問二十二：何爲天爲一大天，人爲一小天？

**師曰**：這要從天地人三才論談起，形意拳的椿法有萬法出於三體式之論，的確真實不虛。

形意拳的鑽裏踐之法，熊鷹兩儀取法為拳，與陰陽暗合，形意之源的實質是效仿天地陰陽虛實也。天為虛屬陽，地為實屬陰。人體上半身應喻天為陽，下半身應喻地為陰。手臂勁力上下陰陽線如圖3-14所示。

拳經曰：「人身處處總有一陰陽虛實也。」萬法出於三體式陰陽也。形意拳的渾圓椿大筋挑勁是陽剛之勁用於

圖3-14　　手臂勁力上下陰陽線

挑頂，小筋是陰柔之勁用於勾掛。

　　上挑、下掛、向前刺打起如鋼銼，回如勾杆無所不能。頭頂百會為陽，但與下部會陰上下對應為陽中有陰也。下部穀道內提為陰中有陽也。閉口頂舌咽津為陰，齒叩為陽。豎項部為陽，縮喉部為陰。內氣沿背部上升頭頂為陽，下鵲橋過十二純爐降於丹田為陰。頭頂豎眉為陽，睜眼定神為陰。吸氣為陰，呼氣為陽。坐臀抽身縮骨為陰，長手為陽。兩足踏地，實足為陰，虛足為陽，實者足心涵空為陰中有陽，虛者足尖點地為陽中有陰。動寸步曲虛為陽應天，隨曲就伸，踐步踩實為陰應地，蹬足發力人字妙。此為形意拳天地人三步也。

　　三拳為鑽裹踐，三才是一寸、二踐、三弓箭三步也。正如拳經曰：「三拳三才非無因，分明配合天地人，若能悟透其中理，武術之中能超群。」

## 吾問二十三：形意拳千變萬化，熊鷹兩勢而盡然的拳法名講

**師曰：** 形意拳的熊鷹兩儀，更準確地應理解為樁法陰陽兩儀。熊形樁法身體挺拔，腹內鬆靜氣騰然，丹田隨呼吸鼓蕩開合。鷹形樁起手鷹抓氣達三節四梢。拳法從顧法起，鑽裹為顧屬陰為熊，發放為箭屬陽為鷹。如圖3-15金鐘氣圈圖所示。

身體渾圓如鐘，上中下三道氣圈如三環套月，用意去貫注，金鐘遊蕩進和退，窄身疊步，遊身趨避，全在身內鐘錘用意遊蕩。動中縮勁為顧屬陰為熊，撲縱束展為打屬陽為鷹。起鑽為顧屬陰為熊，落翻撲打屬陽為鷹。

以捋手論，手的小指側纏鑽為陽，拇指側為陰。以雲手論，拇指側起鑽為陽，小指側為陰。以手臂論，向下劈

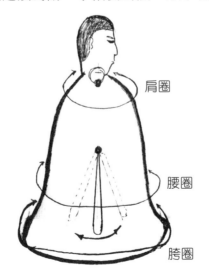

肩圈

腰圈

胯圈

圖3-15　金鐘氣圈圖

砸斬截，用橈骨側為陽，尺骨側為陰。鑽翻要用意分清是上線拇指側或下線小指側領勁。起如舉鼎，落如分磚要用意體認。向上挑砍尺骨側為陽，橈骨側為陰。撐裹鑽翻，滾進滾出，順逆纏繞，陰陽變化要用意分清是上下線發力。以劈拳論，前手起鑽縮身蓄力開弓為熊，後手落翻合膝踩步撲抖為鷹。以鑽拳論，前手起鑽鉚肩焊肘蹲身為熊，後手起鑽進步踩打為鷹。以崩拳論，左前足提胯弓膝虛足爭力為熊，出右手合膝踩打為鷹。以炮拳論，上步獨立抱拳提步為熊，出雙手進步鑽翻架打為鷹。以橫拳論，上步獨立抱裹左手為熊，落步踩撲撐裹打出右拳為鷹。

十二形同然，勢勢顧打兼併，蓄髮開合相變，動生陰陽虛實就，靜生剛柔合勁發。這就是熊鷹兩儀，取法為拳，陰陽暗合，形意之源。

## 吾問二十四：何為形意拳誠圓之術？

師曰：形意拳精華不過三體式變劈拳，終身玩悟形意變，拳拳能打成圓轉而直發，直發而圓轉。岳武穆王創意拳「發一槍為拳」。不動時槍是直的，動時圈中有槍，槍中有圈，拉粢粘拿就是飛雲搖晃旋轉之法，槍圈棍圈變化無窮。撐裹是橫拳，雙手如撐繩，裹顧內外五行。拳無圈不能進中門開胸破肚。

以劈拳論，起鑽落翻是基本功，外形如舉斧劈揚，一開一合，一曲一伸，一呼一吸氣脈暢。不會變手打劈拳就不能變通。劈拳是斬（展）截法，內裹劈拳，外翻劈拳，單手劈拳變雙手劈拳為虎撲。前後爭力彈崩拳，轉環崩拳

似搬攔。雙拳裹身是炮拳，由下向上炸開拳，炮拳似玉女穿梭。刁手鑽拳圈中捶，左劈右崩一連環。

　　形意拳是智勇順成貴合之術，是藏圓之術，剛發柔變一體為功，非粗鄙不文之舉。誠者，藏也，藏乃匿蓄也，藏鋒銳之尖也。

　　形意拳外觀似直勁，但實用圓轉滾轉之力。劈拳打著崩拳跟，是圓中藏直；鑽拳左右一晃把身鑽，上拋下勾隨勢變；炮拳劈砸如翻浪；橫拳滾轉粘疊向前撞。出手就旋轉，五行合一體，放膽即成功。

　　所謂藏，就是不讓別人察覺，拳打人不知，粘臂沉縫、鑽縫打點發力用意藏形，三節不顯形影。如圖3-16肘手開合拍球圖所示。

　　內滾外翻，肘手相應開合發拍球翻抖勁，打人如拍球，內養渾圓功法不藏行嗎？本來強，卻裝弱，目的是為了更好地出擊，令人防不勝防。

　　形意拳法有鋒銳之稱，但練法有竅才談得上藏，如果

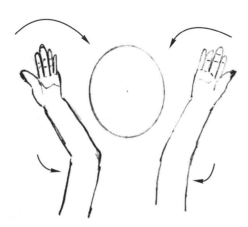

圖3-16　肘手開合拍球圖

沒有什麼真傳秘授的技藝，賣弄之徒表現還來不及，也就不用藏了。

形意拳的天地人三步六合功，形簡意奧，沒有真傳，不易所得。回環拍位橫抽戳擊之法，攻堅擊銳，擊實為虛，五毒五訣踩抽勁、圓弧勁、旋轉勁。在家裡練和在外面練是有區別的。五行拳外形一看即會練，但內裡藏著的心意、身法變換及手法勁力誰也看不見，這就是誠圓之術。

八卦掌、太極拳把回環變手現於外形，形意拳將回環變手隱藏於心意之中，實際上都是以暴力迫使敵方失去重心。保持我之重心，在單重的情況下，身勢一沉能發出猛虎坐窩之力，後足一蹬，能發出單臂或雙臂槓桿力。這些功法都藏在形意拳之中，不易被外人所得。

## 吾問二十五：何為形意拳的挾剪之技？

**師曰**：形意拳鑽剪法有五夾之論，就是前趨後合，如剪刀夾物。是圓轉槓桿力在人體力學上的應用。手肩胯之扭錯如剪刀之開合，使勁向相反，勁力相合，可以合力將物剪出。打法或摔法用法同然。

站樁是天地人三才勢，步法是三才步，手法是回環藏圓之術，回環轉手、橫抽拍位戳擊，猶如將石由萬礎之山拋下，勢如破竹，銳不可當。

出手三尖相照，成守中用中不離中之勢。手腳齊到猶如挾剪裁物，上下合力人即出是打法，左右旋轉合力是摔法。形意拳一個挾剪之技，用的是槓桿撬崩力、斜面鑽擠剪切力、擰裹旋轉力。鑽踐法其中有「五夾」，猶如鼠夾

上的消息，一觸即發。

## 吾問二十六：何為內五行的調養功？

**師曰**：以拳論拳最高不過是匹夫鬥雞之勇。形意拳是文人貴事，乃智用順成之術，非江湖小道野技，學練之人要心地善良正直。

天地間的五行制化為金木水火土，外五行在拳上是劈崩鑽炮橫，在身體上對應的是肺肝腎心脾。形意拳練的是往返進退伸縮之法，一伸一縮，一起一落，一鑽一翻，一呼一吸，合吸開呼，息息歸丹田之根。開合相變往復無窮，能打通全身上下奇經八脈。

練拳技擊雖講勇，但不能傷人害命。師父失手把徒弟打傷，師兄弟切磋技藝而相互傷害，是匹夫鬥雞之勇的小道野技，是傷人不利己的劣行。徒弟學藝不成，而先受到傷害，實為罪過。傷人害人，誤人子弟事小，欺人自欺則罪大。江湖野技為名利而爭鬥必不得善終，反不如不入武門為佳。武技如玩火，不慎會自焚，要知止不殆。功夫上身後，要藏而不漏，絕利一源，勝於用兵十倍。

要知天外有天，人外有人，功夫絕技都是相對而言，沒有常勝將軍，要知隱於民間的無名高手可能勝於有名之人，這就是無形勝於有形的道理。切記忍辱戒妄為武術技擊家之所貴。

形意拳的內養功法為龍門派道家氣功，道法自然，進行性命雙修。「自然」是大道的本性，同時也是人生追求的最高境界。煩惱憂愁是心靈的殺手，沒有一個健康的心

態，那就好像收緊了束縛身體的鎖鏈。

一個人如果老是處於怒火中燒、憂心如焚、嫉賢妒能、貪得無厭等不健康的心態中，卻渴望擁有一個健康的身體，那是不可能的。因為他無意中已經把疾病的種子埋在心中。要胸懷愉悅、博愛眾生，要知道常存善念是最好的靈藥，讓它進入脈絡，成為身體的一部分。心地善良，自添健康，心善則善作，心惡則惡行，慈心善作能永葆安康。

**仁在身為肝**。一陽初動，萬物始生時，不藏怒焉。寬容戒怒怨而養肝也。

**義在身為肺**。問心無愧，擴然而公大，物來而順應，隨遇而安養肺也。

**禮在身為心**。敬慎威儀，泰而不驕，威而不兇猛，對他人要敬和，以禮相待養心也。

**智在身為腎**。心欲其定，氣欲其定，神欲其定，體欲其定，人的各種慾望，源於腎邪，用清醒的頭腦，增強自律自控能力養腎也。

**信在身為脾**。飲食有節，起居有常，做事有恆，容止有定，待人誠信不欺，行為舉止有準則，信能養脾也。人得五穀之蘊養，飲水不能躁急，以緩漸暢，仰俯和抱膝動作利腎利心肝。盤足固腰腎。

練功前先以十三太保基本功活動筋骨，而後站樁打拳練渾圓。明勁成形，暗勁爭力。虛靈頂勁能保持頭腦清醒，舌頂齒叩骨自堅。

形意拳講打拳如走路，看人如蒿草。形意拳上手就受益，有行醫健身之效，是用天地人三才步法行走醫病之術，衛人自衛技擊之用為此術之末也。

# 第四章
# 《紀效新書》中有關
# 拳經拳法摘要

## 一、長兵短用說篇

夫長器必短用，何則？長槍架手易老，若不知短用之法，一發不中，或中不在吃緊處，被他短兵一入，收退不及，便為長所誤，即與赤手同矣。須是兼身步齊進。其單手一槍，此謂之孤注，此楊家槍之弊也，學者為所誤甚多。其短用法，須手步俱要合一，一發不中，緩則用步法退出，急則用手法縮出槍桿，彼器不得交在我槍身內，彼自不敢輕進，我手中槍就退至一尺餘，尚可戳人，與短兵功用同矣。此用長以短之秘也。至若弓箭火器，皆長兵也。力可至百步者，五十步而後發；力可至五十步者，二十五步而後發，此亦長兵短用之法也。長則謂之勢險，短則謂之節短，萬殊一理。

【論說】

赤手同理也，長手能放長戳擊，但不如短手能自顧

也。槍位制敵彼進五尺，我向前進迎進五尺，合而是得一丈之勢矣。彼被我逼打，勢不得起，欲抽脫去，豈能便抽一丈乎！彼被打的不及退變而敗也。

## 二、長槍總說

夫長槍之法，始於楊氏，謂之曰「梨花」，天下咸尚之，其妙在於熟之而已。熟則心能忘手，手能忘槍，圓神而不滯。又莫貴於靜也，靜則心不妄動，而處之裕如，變幻莫測，神化無窮，後世鮮有得其奧者，蓋有之矣，或秘焉而不傳，傳之而失其真，是以行於世者，卒皆沙家、馬家之法。

蓋沙家竿子、馬家長槍各有其妙，而有長短之異。其用惟楊家之法，手執槍根，出槍其長，有虛實，有奇正，有虛虛實實，有奇奇正正，其進銳，其退速，其勢險，其節短，不動如山，動如雷震。故曰「二十年梨花槍，天下無敵手」，信其然乎！施之於行陣，則又有不同者，何也？法欲簡，立欲疏。非簡無以解亂分糾，非疏無以騰挪進退。左右必佐以短兵，長短相衛，使彼我，有相倚之勢，得以舒其氣，展其能，而不至於奔潰。兵法曰：「氣盈則戰，氣奪則避」，是已。

（槍法）先有圈槍為母，後有封閉、捉拿、梨花擺頭，救護要分明……中平槍，槍中王，高低遠近都不妨……高不攔，低不拿，當中一點難遮架。去如箭，來如線，指人頭，紮人面，高低遠近都看見。槍是伏腰鎖，先扎手和腳，疾上又加疾，紮了還嫌遲。

槍有三件大病：一是立身不正，大病；二是當紮不紮，大病；三是三尖不照，大病。必上照鼻尖，中照槍尖，下照腳尖。你槍發，我槍拿，你槍不動，我槍紮，來得緊，去得硬，不遮不架是個空。

以上槍法拳法同然。

【論說】

（戚繼光請問荊翁）曰：「每見他人用槍，圈串大可五尺。兵主獨圈一尺，何也？」荊翁曰：「人身側形只有七八寸，槍圈但拿開他槍一尺，即不及我身膊可矣。圈拿既大，彼槍開遠，亦與我無益，而我之力盡。」此說極得其精。光又問曰：「如此一圈，其工如何？」荊翁曰：「工夫十年矣。」

【論說】

一藝之精，其難如此。確實為拳術專精之道也。岳武穆王創意拳，即現在的形意拳五行十二形，就是一勢一拳，一拳一勢，起落開合伸縮之法，其理精奧也。


# 三、短兵長用說篇棍法歌訣


短兵長用之法，千古奇秘，匪欺人也。若能棍，則各利器之法從此得矣。

中直八剛十二柔，上剃下滾分左右，打殺高低左右接，手動足進參互就。

剛在他力前，柔乘他力後，彼忙我靜待，知拍任君鬥。

陰陽要轉，兩手要直，前腳要曲，後腳要直，一把一

揭，遍身著力，步步進前，天下無敵。

此「當」字如曲中之拍位，妙不可言。故贊之曰：「我肐他旁，前手直『當』，後手加拔，有神在中。學到此，一貫乎萬矣。」

【論說】

以上雖是棍法的歌訣，拳術之訣同然，因器械是拳法手臂的延長。得師一訣，誠心敬閱，必有所得。

轉陰陽不可太早，臨時一下，乃不費力。明之！明之！折角不如直入。（此為）李良欽之傳，學到此，一貫乎萬矣。

全書總要，只是乘他「舊力略過，新力未發」八字耳。至妙！至妙！此又是我肐他旁之秘旨。語到此，則不能復加一言矣。凡此意味，體認得真，亦有七日不食、彈琴詠歌之趣也。

問：如何是順人之勢、借人之力？

曰：明乎此，則是得其至妙中之妙訣矣。蓋須知他出力在何處，我不於此處與他鬥力，姑且忍之，待他舊力略過，新力未發，然後乘之，所以順人之勢、借人之力也。上乘落，下乘起，俱有之，難盡書。（拳械之精奧），千步萬步，俱是乘人舊力略過，新力未發，而急進壓殺焉。我想出「舊力略過，新力未發」八個字，妙之至也！妙之至也！前言拍位，都是此理。

向見總戎俞公以棍示余，其妙處已備載《劍經》內，逐合注明，無容再贅。其最妙者，只在一得手之後，便一拿一戳，如轉圓石於萬仞之山，再無住歇。彼雖習藝勝我幾倍，一失勢便無再復之隙，雖有師家，一敗永不可返矣。

# 四、拳經捷要篇拳法三十二勢解說

## （一）懶紮衣

如圖4-1所示，實為出勢攔紮之意。

懶紮衣出門架子，

變下勢霎步單鞭。

對敵若無膽向先，

空自眼明手便。

圖4-1

古代人穿長衣大褂，臨陣交手先把大衣的下衣襟向側後攬起，並掖在腰帶之中，以便腿腳俐落方便。其真意可謂脫槍為拳，取其攔紮之意。是出手勢，心意記憶體你用紮，我用拉、攔、截、拍、打之法。

形意拳為正身中平槍，三體式開勢起手就紮；八卦掌出勢為斜身勢，接手就變中槍；太極拳出勢為挪手勢，接手就粘用粘連黏隨槍。

用法不脫斬截落空法、走轉落空法、引進落空法。都是側面接手引隨轉，招手就在呼吸間，回環拍位戳擊手，勢如破竹不停緩。悟透懶紮衣之意，太極拳道理過半矣。

攔紮之意，圓轉用柔勁粘住為攔為圈為柔，出手戳擊為紮用剛之意，可謂圈中捶化打一勢之作，是太極拳綿裡藏針、剛柔相濟之本源。

**圖4-2**

## （二）金雞獨立

如圖4-2所示，實為落地生根足下獨立之功。

金雞獨立顛起，

裝腿橫拳相兼，

搶背臥牛雙倒，

遭著叫苦連天。

金雞獨立是拳術腰腿之功，無處不用。沒有金雞獨立功，無論打法、摔法，都無法應用。三體式、渾圓樁功都是練習雙腿的易骨易筋的功法，以增強下肢的支撐強度。

形意拳的跟提步、陰陽三七步，行如槐蟲起如挑擔，步步不離雞腿，就是金雞獨立之功。金雞獨立顛起，「顛」是腳後跟顛起。裝腿橫拳相兼，是講用合膝顛足擊打。摔法倒插背步，橫拳上架捅拿，搶背臥牛雙倒，均要有足下的獨立支撐之功。

## （三）探馬勢

如圖4-3所示，實為探面掌手雷。

探馬傳自太祖，諸勢可降可變。

進攻退閃弱生強，接短拳之至善。

用法正面為劈拳罩面掌，用遊身趨避再拍位戳擊探掌，是走偏門閃開正中定橫中之法。走偏門跨死角，進退抽撤如拆橋，脫身換影手法高，屬

**圖4-3**

於黑熊探掌、掌手雷劈探掌。

## （四）拗單鞭

如圖4-4所示，實為順步
潑刀拗勾。

拗單鞭黃花緊進，

披挑腿左右難防，

搶步上拳連劈揭，

沉香勢推倒泰山。

圖4-4

拗單鞭斜飛勢，左右巧勾
把人制。岳武穆拳經曰：左右進取宜劍勁，得心應手敵自
翻。八卦掌的撥雲見日、拗步斜劈、順步單鞭潑刀勢、正
身單鞭劈揭勢，皆有此意。

## （五）七星拳

如圖4-5所示，用挨幫擠靠、裡外胯打法。

七星拳手足相顧，

挨步逼上下堤籠。

饒君手快腳如風，

我自有攪沖劈重。

岳武穆拳經曰，七星頭肩肘手
胯膝足相助為友。手足相顧，挨步
撞胯崩打，是半側身進偏門或中
門，用兩儀頂或蛇形靠打。繞步鑽
身盤頭吻肩快如風，手腳相顧，肘
膝相合橫攬，靠摔一勢。

圖4-5

圖4-6

## （六）倒騎龍

如圖4-6所示，實為翻身顧打。

倒騎龍詐輸佯走，
誘追入遂我回衝，
恁伊力猛硬來攻，
怎當我連珠炮動。

是形意拳的側閃佯走，邊門回轉伏身合胯內扣翻身掌，外擺為倒騎龍步反背搶打。正騎龍為外倒勾，狸貓上樹。倒騎龍是用五花截手炮。岳武穆拳經曰，五花炮砸為妙，臂手虎尾鞭，兩手似輪翻。

## （七）懸腳虛

如圖4-7所示，實為連環二起。

懸腳虛餌彼輕進，
二換腿決不饒輕。
趕上一掌滿天星，
誰敢再來比並。

餌是誘餌，誘敵進入，下用二起腳騰空而踢，同時上用罩面掌打其面部。懸腳虛，關鍵是虛實的調整，處處總有一虛實，哪個腳下虛，便用那只腳起腿打人，足下踩抽打人先要虛足才能發力，這就是

圖4-7

消息全憑後足蹬的妙用。太極拳蹬腳、形意拳燕形穿心腳都是倒陰陽定虛實，隨意起腳而發。

## （八）丘劉勢

如圖4-8所示，實為順步踏心掌。

> 丘劉勢左搬右掌，
> 劈來腳入步連心，
> 挪更拳法探馬均，
> 打人一著命盡。

圖4-8

如形意劈拳的踩勁踏心掌，八卦的順步鷂子入林摘撞掌，太極的穿梭掌，其發放勁力如向前投擲鉛球。打人用鷹嘴拳，用掌是天星掌，照準落點用意發穿透之力。

## （九）下插勢

如圖4-9所示，實為顧下打上。

> 下插勢專降快腿，
> 得進步攬靠無別。
> 鉤腳鎖臂不容離，
> 上驚下取一跌。

圖4-9

用法是避肩抱肘裹邊炮，攔下靠上。形意拳為下截上取掃地炮，非進步撞靠撲打，別無他法。主要是破腿顧打

法，下插可用下截，用太極拳的摟膝拗步，下摟即為下插，下攔顧上用拳掌前擊落點處。

# （十）埋伏勢

圖4-10

如圖4-10所示，實為後撩戳腳鴛鴦腿。

埋伏勢窩弓待虎，
犯圈套寸步難移，
就機連發幾腿，
他受打必定昏危。

戚繼光三十二勢大約集十六家拳法精華，埋伏勢是山東王祥、河南馮可善、牛亮臣傳至河北戳腳門的腿法，屬於八卦七十二暗腳招數，特點是鴛鴦腿。

# （十一）拋架子

圖4-11

如圖4-11所示，實為架拋摔法。

拋架子搶步披掛，
補上腿那怕他識，
右橫左採快如飛，
架一掌不知天地。

拋架子是架樑腳摔法，其意是向斜上方拋扔。用法是抓手制肘或扒脖，拉涮用披側入，隨即下用埋腳，上用斜飛架掌，將人騰空摔出。

## （十二）拈肘勢

如圖4-12所示，實為接手
制肘法。

拈肘勢防他弄腿，

我截短須認高低。

劈打推壓要皆依，

切勿手腳忙急。

圖4-12

出勢接手側身用八卦的單換
掌，拈肘勢就是接手制肘法，截短是回環拍位戳擊手、順
杆爬打手，正如戚繼光拳經曰：「全看不見他是槍是刀，
只認定對他手前殺他身而已。」用時要防對方用腳，要側
身而用。

## （十三）一霎步

如圖4-13所示，實為轉身
烏龍擺尾腳。

一霎步隨機應變，

左右腿衝敵連珠。

恁伊勢固手風雷，

怎當我閃驚巧取。

圖4-13

一霎即瞬間之快，形意拳寸
踐連環步是也。上接手挪粘用側截，下抬足側身截腿，落
足再打劈面掌。正接霎步，捋手制肘用龍形擺尾腳踹截。
形意拳拳經曰：「起手就往腿上踹，反手再向面門蓋，三
隻手腳協調用，就是邪怪也驚呆。」

圖4-14

# （十四）擒拿勢

如圖4-14所示，實為挿肘按胸掌。

擒拿勢封腳套子，
左右壓一如四平。
直來拳逢我投活，
恁快腿不得通融。

技擊接手為高來挑，低來壓，不高不低用手拿。拿為抓手制肘擒拿。中四平手可謂不高不低，接手拿肘，用外倒勾為腳套子。抱臂擒拿再打，為擊無不中之術。

# （十五）中四平

圖4-15

如圖4-15所示，實為托肘按掌虎撲。

中四平勢實推固，
硬攻進快腿難來。
雙手逼他單手，
短打以熟為乖。

中四平實為岳武穆王的雙推掌，脫於少林拳的雙推碑，形意拳用虎撲子發背尾之力。

正如岳武穆拳經云：「背尾全憑精靈氣，束展二字一命亡。」形意拳用出勢虎撲，五訣五毒的踩、撲、裹、束、抖能將人打得驚魂動魄。短打，即為窩中炸的寸勁。腿難

來之說，是指對方的腿根本抬不起來就被打出。用法可用雙手平推直按，也可用一手按對方之臂，另一手踏胸而發。

## （十六）伏虎勢

如圖4-16所示，實為用抹法打摔一勢。

伏虎勢側身弄腿，

但來湊我前撐，

看他立站不穩，

後掃一跌分明。

伏虎勢側身走偏門，用腿滑步後切，前撐後掃為形意拳的撐磨腿。

圖4-16

## （十七）高四平

如圖4-17所示，實為龍虎相交。

高四平身法活變，

左右短出入如飛，

逼敵人手足無措，

恁我便腳踢拳錘。

高四平是高勢對敵，三角步左右變化脫身化影，接手拍位逼敵出手，猶如圓石拋下萬礐之山，其勢銳不可擋。

圖4-17

圖4-18

# （十八）倒插勢

如圖4-18所示，實為背轉步用摔法。

倒插勢不與招架，

靠腿快討他之贏。

背弓進步莫遲停，

打如谷聲相應。

用法是倒插背步合勁，臀部打崩勁，用胯槓打腿別後挑勾，將人打起騰空拋摔。

# （十九）井欄四平

圖4-19

如圖4-19所示，實為盤手入臂抹脖摔。

井欄四平直進，

剪臁腸膝當頭。

滾穿劈靠抹一鉤，

鐵樣將軍也走。

用法是接手拿肘，用腳橫截對方膝頭前臁迎面骨，對方必向後收腿、身向前探，此時扒脖臂下滾穿入手，似井繩一端有重物，墜入井中順勢而下。滾穿劈靠抹一勾，是磨肩扒脖抹轉，另一手滾穿扣肩抹勾，用手別或吻別將對方摔倒。

## （二十）鬼蹴腳

如圖 4-20 所示，實
為跳步截腿。

鬼蹴腳搶人先著，
補前掃轉上紅拳。
背弓顛口披揭起，
穿心肘靠妙難傳。

圖4-20

鬼蹴腳，是迎上鑽下
的縮就之勢。搶人先著，是跳步截腿之法。補前掃轉上紅
拳，是屈臂擺肘裏轉。背弓顛口披揭起，穿心肘靠妙難
傳，是抱拳頂肘。

## （二十一）指當勢

如圖 4-21 所示，實為
五花栽捶。

指當勢是個丁法，
他難進我好向前。
踢膝滾鑽上面急，
回步顛短紅拳。

太極的指襠捶與指當勢
用意不同。指襠捶是向前下
打栽捶，丁法如銳利器物當

圖4-21

前，如形意拳的三體式，岳武穆稱為器技之椿拳功。向其
前扯站我順人背，回環拍掌通天炮是鑽拳，進步撞膝手腳
併用，落步用抱拳頂肘為顛短紅拳。

圖4-22

## （二十二）獸頭勢

如圖4-22所示，實為
虎抱頭進身、上打通天炮。

獸頭勢如牌挨進，
恁快腳遇我慌忙。
低驚高取他難防，
接短披紅衝上。

論打法前手如握盾牌，
後手如劍，低驚高取是先崩
後劈，烏龍入洞低崩，變喜
鵲登枝為高取。論摔法是抱
臂挎籃披紅摔。

## （二十三）神拳勢

如圖4-23所示，實為
肩靠裹胯勢。

神拳當面插下，
進步火焰攢心。
遇巧就拿就跌，
舉手不得留情。

進步先用肘撞擊，磨胸
向下沉插，抱臂挎摔也可，
吻肩翻背更巧。也可用上拋
拳向前打栽捶。

圖4-23

## （二十四）一條鞭

如圖4-24所示，實為用手
打虎尾鞭、足打鞭腿。

> 一條鞭橫直披砍，
> 兩進腿當面傷人。
> 不怕他力粗膽大，
> 我巧好打通神。

兩手似鞭裡外蓋手，橫豎披

圖4-24

砍，陰陽翻抖。兩進腿，是手上
架後仰下部用腿向前撩起，左右可用高低鞭腿。

## （二十五）雀地龍勢

如圖4-25所示，實為穿襠靠。

> 雀地龍下盤腿法，前揭起後進紅拳。
> 他退我雖顛補，衝來短當休延。

用法是穿襠靠。前揭後起，是鐵板橋霸王卸甲。他退
我雖顛補，衝來短當休延，是用捅手變鈍鐮割穀下勢揀
腿。

圖4-25

## （二十六）朝陽手勢

如圖4-26，實為顧下破腿擊打。

朝陽手偏身防腿，無縫鎖逼退豪英。

倒陣勢彈他一腳，好教師也喪聲名。

護肩掌縮陰手防上顧面部，朝陽手顧下防腿擊。顧後用腿還擊或用手截下打上。學會陰陽掌，打人不用想。

圖4-26

## （二十七）雁翅勢

如圖4-27所示，實為正斜雙擠手。

　　雁翅側身挨進，

　　快腿走不留停。

　　追上穿肚一腿，

　　要加剪劈推紅。

用法以游鼉雲手挨身側進，用肩胯肘膝的挾剪之技打人，合手側擠。

圖4-27

## （二十八）跨虎勢

如圖4-28所示，實為扒脖潑腳摔。

　　跨虎勢那移發腳，

　　要腿去不使他知。

　　左右跟掃一連施，

圖4-28

失手剪刀分易。

「那」字可當挪移講，向邊門跨步叫退步跨虎，一手抓手，一手抓脖，用搨踢抖摔法，左右勾腳擋踢攔掃連環使，上下十字找勁，是橫耘擋踢的摔法。

## （二十九）拗鸞肘

如圖4-29所示，實為肘打外倒勾。

拗鸞肘出步顛剁，

搬下掌摘打其心。

拿鷹捉兔硬開弓，

手腳必須相應。

圖4-29

旋風式肘抗，側身頂肘反背捶，肘手連環擊打，接手扣肘搬拿，用拗步擺肘擊打，手腳相應，步法拗步。起落豎橫，肘法妙用即是。

## （三十）當頭炮

如圖4-30所示，實為起手炮拳。

當頭炮勢衝人怕，

進步虎直攛兩拳。

他退閃我又顛端，

不跌倒他也忙然。

用法是形意拳的炮拳，如對

圖4-30

方退時用腳蹬踹，可打龍虎相交，上下併用。

圖4-31

## （三十一）順鸞肘

如圖4-31所示，實為裹胯頂靠。

順鸞肘靠身搬，

打滾快他難遮攔，

複外滾刷回拴肚，

搭一跌誰敢爭前。

用法如旋風式肘抗，也就是形意的熊形穿心肘，雙手外撥裡壓挾剪肘，八卦扣步肘。

圖4-32

## （三十二）旗鼓勢

如圖4-32所示，實為左右蓋打。

旗鼓勢左右壓進，近他手橫劈雙行。絞靠跌人人識得，虎抱頭要躲無門。用法為雙手用裡蓋手、外蓋手劈打，雙行是專打來回勁，猶如秋風掃葉、橫掃千軍之勢。裡蓋手變抹脖踢，外蓋手抹眉踢、揀腿摔。

# 第五章
# 李雲龍師傳岳氏
# 八翻手精要

## 一、八翻手簡介

八翻手也稱岳式連拳，其法由岳武穆王散手連拳變化而來，由清光緒年間的形意拳、八卦掌名手劉敬遠（字德寬，外號大槍劉）編創，劉是劉奇蘭、董海川大師的入室高足。河北雄縣劉仕俊精散手及太極拳，後研習八翻手，傳與紀子修（楊露禪的入室高足，功夫精嫻）、許禹生、吳鑒泉、劉恩綬（字殿生，劉德寬高足）。劉恩綬將八翻手傳山西汾陽縣王新午。

我師李雲龍、師叔王錦泉於1930年在山西太原同拜王新午為師學習太極拳和八翻手。王新午精形意拳、八卦掌和太極拳，丹田內功純正，四肢八節堅硬如鐵，身法捷如猿豹，聞名而至者，一經試手無不敗北，是我國大江南北一代文武雙雄之宗師。

王師云：「考國術之真義，剛柔不可偏廢，著勁固未

忽離，精於剛著者，必明乎柔勁；逐於柔勁者，自曉乎剛
著。劉公敬遠編創岳氏八翻手，參岳武穆王形意拳內經之
精，八卦剛柔相濟之法，太極粘連黏隨變化之術，並述其
原委，俾少林之真。」

八翻手是形意、八卦、太極、少林拳術精華彙集之
術。能練體魄之健康，拳式簡單，動作平和，外形有整齊
雄壯之特色，並易於收變通之效。

打拳習武不同於其他運動，主要為禦侮除暴，以求應
用為最要。八翻手式式有著，著著有勁，剛柔進退變化神
奇，可玩敵於股掌之上。出手專搏敵人之要害，毀傷敵人
之四肢。其用以制勝者，為掌為拳，其著之主要者，為捆
為拿，必制敵於死命，不容其有絲毫抵抗耳，而我可策萬
全。故剛而有應變性，柔而有警惕性，上制敵手，下制敵
步，以側勢護肩掌藏身，起手就鷹捉，抓捋當先，捋打擒
拿、推按攔截、肘靠滾壓、捆鎖擠擲，應有盡有，包羅豐
富，千變萬化，隨心所欲。

## 二、王新午大師述八翻手要義

余今約略編述此拳法即竟，例應為總概括之言論，以
結束之。惟賦性偏率，雅不欲浪費筆墨，徒快口悅耳，且
深惡世之大言惑人者。以健身禦敵之技，從為茶餘酒後之
談，筆為喜笑怒罵之句。或爭門鬥派競長雄，或挾神話以
愚人，或騁文詞之淵博，窺其立意，不外射利求名而已。
然其自私之過小，欺人之過大。

吾人生當國術中興之時，圖矯其弊而補救之，莫若以實際與理論，冶為一爐，腳踏實地，不尚空談。雖有班馬之筆，義秦之口，第問其能否先行其言而後從之。

非然者，僅可以過眼浮雲視之，蓋今有得一知半解，亦當孰筆學為如此之文者矣。圖以考據詞藻相標榜，而於國術實際之精義，而從未夢見。此有何貴之論，超超之著哉，余深惡之。余弗欲自韜之，是惟有即其已知，尚未敢信其能者，書其大略。而勉其所不知不能矣。願國術同志，多加意於實際應用之研究焉。

岳氏八翻手拳法，簡單明晰，最宜演習。視為健身方可，視為禦侮之具亦可。然人有疑其簡易，以繁複為喜者，蓋不知國術之應用，貴精而不在多。少則易用，多則難精。精一著一勁而名世者，不乏其人。況一著一勁之精，而萬著萬勁咸具乎。八翻手雖八路，其變化已屬無窮，精者足以致用。即精而後求多，所謂學然後知不足也。此拳各路，精熟變通為要。

八翻手必知如何行之而後有功也，此拳八路，有七路以側身護肩捋手當先，援手在後。演練之時，須存對敵之意，出手高低尺寸，必合有與實際適附之把握。應沉著，毋輕脫。而手眼所至，全神貫注，如鷹之搏兔，貓之撲鼠。用步之法，須有進有退，前後左右中，皆可變化移動。設敵靠身過近，則步須後移，而移動之尺寸，以適合捋制敵手之機為依歸，變化神速。左右之移動，莫不皆然。故演練之時，更應存變化之意。則步之動作，富警覺性。但以拳式動作有則，故未可率義改變。

余因創為演練應用捋手，以合於實際之法。當演練拳

式完畢，或另一方法，甲乙兩人可對練捋手，甲存心用捋
手，乙存防範之意，雖其自然左右進退轉捋，如同陰陽圖
中兩魚對轉。數月之功，即可自由應用而不失機者，其效
不可謂不速矣。其他實際應用法若干，動作反覆，學者可
綜此意而為之。各路所包之法，或練鎖拿，或練捆擠，因
勢類推。打法則示意而已，此原則之理，即發展人身自具
固有之良能，而合於拳法之應用，久之則各種著勁，均成
自然。無意而皆意，不法而皆法。

如演練攻人之著，除以法進攻外，對於敵之來手，盡
自然能力防範之。演練防範人之法，則依法防範敵手外，
盡自然之力，有隙即進攻之，總期發揮天賦自然之良能，
而合於拳法所包之著勁。其效甚速，自可成為特殊之能
力，而適於對敵之應用。

八翻手拳路之編創，包羅富有，能盡通之者，蔚為全
才。吾人相互演練應用，不過為輔助之法，得一而漏萬，
則不可也。故所謂行功者，於演練姿勢之外，再求適當之
輔助，而以之實施於應用耳。大成之道的法本無法先學
法，無法即法最高法，初學者仍在姿勢拳法。此拳演練姿
勢，約分二期，初學一期，以極端開展、沉著有力為要，
所以流通血脈，暢發筋肉，堅固骨骼也。行之不懈，則百
病自消，有力如虎，身堅膽壯，可以致用。此為一期。

繼則姿勢漸求緊湊，含蓄內勁，剛而不發。手眼身法
步，活潑靈敏。拳中著勁，發於無形。動著有意，意至之
處，著勁隨之。一動一靜之微，其變化莫能察矣。日進不
息，如天之行健，積以歲月，其道大成。此為二期。能行
純功者，一期二年，二期三年，約五載而有成。

　　至其輔助演練之法，對練之功隨時體驗之宜，尤不可忽焉。昔日有言，演習者面前無人似有人，應出其全力以赴之，意之所到，情能逼真。是以論國術之功行，不以學習之年數多寡為標準，盡視其能否用意及變動虛實之合理與否為判斷，練年數雖多，而不明意者，謂之盲練。除健身之外，別無功行可言，余為三年有成者，即指此也。

　　行功之道，必日有進步，斯為正規。今日所不知，至明日而知之；今月所不能，至下月而能之。無間斷之時，無歧路之誤，堅持三年千日餘，不為不多矣。進一步修練的方法同前，然求演練與應用相合，為意尚多。今更摘言之，其要者曰拳、曰掌、曰步是也。

　　（一）拳之形式，四指捲緊，以拇指捏食指之中部，握拳如捲餅，平時如行路或獨坐時，即捲拳如式，由鬆漸而緊。至拳緊力盡，再徐徐放開，兩掌相合，往復磨擦，以活其筋骨血液。每日堅持數小時為功。初練捲放之功，則手指脹痛，動作不靈，惟以漸增加，至久成為習慣，而逐安之。雖執繡花針，作蠅頭小字，亦不減其往日之靈妙也。

　　練功要伸舒鬆靜，勿求過急，以成為習慣，不害其他工作為原則。拳之應用，向前擊者為擊面、擊心、擊襠三部位也，即玄關、中脘、下丹田三要害穴位，世講死穴，重擊則死。擊面為立拳者，用腰發撞勁。以拳關節名為反背捶者，為榨勁和顛勁，發自肩臂。擊心之拳者，為鑽勁、點勁和滾切勁，發自全身。以身催肩臂，肩臂催拳，一發而莫阻。擊襠之拳者，為栽勁和插勁，發自脊背。凡此前擊之拳，貴沉著而忌太過。欲得機勢，宜求之腰腿。

向左右應用之拳，上擊頭部者，用拳底橫貫兩鬢，為撳勁和榨勁，發自腰脊。中擊腰肋者，為榨勁，發自肩背。中下擊栽拳者，為栽勁，務須全勢下擊。反身向後用拳下壓敵臂者，為壓勁和合勁，進則衝擊，拳法實施之用也。用拳變化，或挑，或格，或鉤，或攔，則腕膊之勁始於足。

（二）掌之形式與應用，抒手約為撲勁、撇勁、撳勁、切勁、推按勁、擒拿勁、扳扣勁、發勁、挑勁、摟勁、摸勁等，其形式應用而異。

本拳法用掌處，半主於撲擊擒拿，半主於誆誘驚敵。如取勝之果，仍專恃用拳。在各路中，掌法當屬虛著，此則與用掌制勝之國術，其立意原不同耳。

（三）步法形式，本拳法在應用上，貴於專精，而不恃多，此正八翻短打之獨到。各路步法分五步，向前應用，為盤旋步，重在鉤扣敵腿，上抒敵手，下制敵步，為打無不中之計。近敵而後即用沖步，前進後跟，動中縮勁，所向披靡。翻身向後，斂步當先，以退為進，後即是前。左右開步，意在逼敵，愈近愈穩，貴有把握，窄身疊步，此為變正中法。

遇敵倉猝，變化在身，得勢即進，前後左右中五步，面面俱到。千變萬化，存乎其心。各種拳法也不過五步而已。五步之中亦有進無退，此五步之真意也。

用步須下勢，不問其為乘騎步，弓箭步，沖步，斂步，各種步要義則一，拳法、掌法、步法大略如此。

其外指、腕、肩、肘、胯、膝、足等之用，全身重在連貫相合。勿為拳法所拘者為上乘。其妙在於有意識地用意之演練。

# 第六章
# 岳氏八翻手拳法圖說

## 第一路　抱拳掙捶

**用法歌訣**

圖6-1

三體開勢觀眼前，
雙拳抱裹左右轉。
斬截粘逼莫等閒，
圓轉擺肘顧心面。
四面用橫一轉圓，
肘手三角打連環。
抱裹肘臂捆拿法，
四面用橫找中發。

　　三體式起勢，萬法出於三體式。兩足併立，目視前方，如圖6-1所示。

　　空空靜靜，虛無一物。夫有形者生於無形，無形則天

地安定生，故曰，有太易、太初、太始、太素、太極之謂五太也。胎包氣質形之本也，一驚動生氣質形也。氣之輕清者上浮者為天，氣之重濁而下凝者為地，然太易者未見氣也。太初者，氣之始也。太素者，質之始也。太始者，無形之始也。混混沌沌無形無象為無極。易無形變為一，太極生也。化生萬物，而極為無極勢。虛無者，無形之〇勢也，無極者〇其中含一混沌不分之氣也。此氣乃是先天真一之祖氣。開合無形，其中有一點生機含藏，名為先天之本，性命之源，生死之道，天地之始，萬物之祖，陰陽之母，四相之根，八卦之蒂，即太極之發源而謂之無極也。

練拳起勢，心中空空洞洞無物，謂之順行天地自然化生之道，又謂之無極含一氣之勢也。此勢為練拳術之要道，形意拳、八卦掌、太極拳、八翻手之基礎也。

## 太極論

太極者，無形質之本，無極而有極也。自無歸有，有必歸無，無能生有，有無相生，無有盡時。太極中於四象兩儀之母也。其性屬土，天地萬物皆以土為本，故萬物之旺由土而生，萬物之衰由土而歸也。

在人五藏屬脾，脾旺則人之四肢百骸健全。取其形意拳五行拳中為橫拳。內包四拳，即劈、鑽、崩、炮，共之為五德，又謂之五行也。

## 太極勢

將無極之姿勢半面向左轉，左足跟靠右足裏脛骨，為45°之姿勢，隨勢將身體下沉，腰塌頭頂勁，內中神意抱

圖6-2　　　　　　　　　圖6-3

元守一，和而不流，口似張似合，舌頂上腭，穀道內提。此勢取名為一氣含四象，謂之攬陰陽，奪造化，轉乾坤，扭氣機，於後天中返先天之真陽，退後天之純陰。復本來之真面目，歸自己之真性命，而謂之性命雙修也。故心之以動而萬象生，其理流行於外，發之六合之遠，無物不有。心之以靜，其氣縮之於心中，退藏於密，無一物之所存，故練拳依此開勢為法也。

　　雙手自頭面兩側合抱於身前小腹部，左右兩拳相對，屈膝下蹲，如圖6-2所示。

　　右手握拳起鑽，如托物之狀，右足同時向前邁進一步，如圖6-3所示，謂雞腿、龍身、熊膀、虎抱頭。雞腿者，陰陽分明，有獨足立之功。龍身者，龍形三折，曲折拗擰，暗藏挾剪之力。熊膀者，有直項豎頂之功，頭手相合之力。虎抱頭者，兩手相抱有獸頭勢之威，暗藏上下波

浪力、左右遊身力、圓轉旋轉力，觀似不偏不倚不動謂之中庸也，實則心中顧打之意在速動，遇物則所向披靡。

太極左伸為陽儀，太極右縮則為陰儀。所謂陽極必陰生，陰極必陽生。陰陽相生，生生不息。天為一大天，人為一小天。天以陰陽相合而生三才。三才者天地人，三才之象也。人以陰陽而生三身，三身者，上中下三丹田也。三田往返陰陽相交，為人性命之根，造化之源，生死之本，道家之金丹是也。

拳術亦然，左分為陽儀，右分為陰儀。陰陽伸縮生生不息，綿綿流行，拳內動靜、起落、進退、伸縮、開合之玄妙也。所以數不離理，理不離數，數理融合兼用，方生神化之道。體用一源，動靜一理，分而言之為萬法，合而言之仍歸太極一氣。形名雖殊，其理則一，正是此意也。

右足不動，左足向前進步，左手同時順右肱推出，如圖6-4所示。胯根踏勁，為肩與胯合。兩肘兩膝垂勁，為肘與膝合。兩足蹬勁，兩手五指伸勁，為手與足合。此是外三合。內三合是心與意合，意與氣合，氣與力合。此是內外六合之謂也。

六合之外有上下三催，即上三催為腰催肩，肩催肘，肘催手；下三催為腰催胯，胯催膝，膝催足。上下合而為一，不可前栽後仰，左歪右斜，要正而似斜，斜而似正，觀陰是陽，觀陽是陰。陰陽相合，內外如一，此謂之六合也。

三才因斯而生焉。無論各拳，開勢皆用此式變化。三才勢為主，熟讀拳經，深默溫習，法無不中。拳經云，三才三身非無因，分明配合天地人，三元靈根能妙用，武術

圖6-4　　　　　　　　　圖6-5

之中能超群。向前劈左手為三體式，形意拳有萬法出於三
體式之稱，其要領為八字九歌，動則為拳，靜者為椿，技
擊精奧隱於此中。八翻手第一路由三體式開勢收勢，其他
二至八路均由三體式變護肩掌開勢收勢。

## （一）開勢抱裹拳

　　三體式開勢，左足內扣，身體右轉90°，雙手回捋抱
拳，步法為乘馬勢，兩拳由面前直向上，拳心向內，旋肘
尖下沉。勁力由外向內抱，拳與肩平，兩臂彎曲，兩肘貼
胸、肘尖向下，脊骨豎直，臀部內收，眼平視，兩手做抱
裹捶勢，如圖6-5所示。

　　兩足須用力著地，不稍動搖，姿勢須平正，運用腰脊
之力，達於兩拳，以馬步曲蓄待發，準備轉化斬截棒壓，
或抱臂轉拿抖發。

### 應用法

凡敵手擊我胸腹各部，均可用此式向左右格攔棒壓，或合擊其肘腕關節，稍觸即發，更繼以進攻，其勢甚靈捷。

## （二）拗步擰身

前左足腳跟為軸用力，兩足附地左扭，身體左轉180°，使兩腿交叉相合，右膝抵在左腿膝彎處，兩足成丁字形，左足全部著地，右足前掌著地，後踵翹起，如圖6-6所示。

兩手抱拳如前不變，拔背坐臀勢下沉。練習要點為擰身時足力上提，則扭轉輕靈，尤須用力平均，上下相合，兩足著地要穩固不搖，綿密緊湊，定而後發，用力不得有過與不及之弊。

### 應用法

敵拳或掌若當胸擊來，即由外以兩臂搭其來手下壓，或以兩手臂猛力截擊之，同時擰身吃住敵臂，進逼敵身。唯吃敵臂時，前手應緊壓敵之上臂中間，將其臂壓貼其身，使不能得力，後手搭壓其前臂，準備進擊。如弓之引滿待發也。

本路各著，皆主防人，第二路至第八路多主攻人。此式擰身應用，意在逼敵，而攻其來攻之手。變化雖多，如左手被敵左手拿住，即順勢後撤左肘，向左擰身，隨以左腕下壓敵腕，而以右拳擊敵左肘關節，敵必負痛撤脫。左

圖6-6　　　　　　　　圖6-7

右應用相同，與太極手揮琵琶、形意斬截手同然。

## （三）拗步掙捶

由前式兩拳向左右齊發，步仍不變，眼視右手。兩拳分發時，腰脊起立，全體存意下沉，全神注視敵之變化，準備應付。握拳之法，以四指緊排，盡力內捲，復以拇指按堵拳眼，唯拇指指尖得突出食指之中關節以外。腕與拳平直，不得仰腕彎拳。拳發出時，拳眼均向上。如圖6-7所示。

### 應用法

以前式搭壓或截擊敵臂後，順勢以右拳擊敵胸肋。凡遇敵臂被我搭壓，皆可以掙捶擊之。

圖6-8

## （四）領　手

由前式向懷內撤領右拳，同時右前臂由外向內滾轉帶領，至拳眼朝地為限，眼視拳心，如圖6-8所示，上臂內合貼肋，肘彎向上，身向下坐，領手時身勿前傾，脊骨須豎直，左臂仍如前高舉。

### 應用法

領手之意，搭敵臂後，隨彼向前之力而領帶，將力卸之。如以右手搭敵左臂，敵若向上挑，則運勁以腕，內撤右肘，以領壓之。敵若向外挑，則以腕鉤住其臂，向上抬肘卸敵勁後，順勢以拳擊敵左肋。

此皆就已粘敵身而言，若尚未粘敵身，則無論敵手擊我胸部或肋腹部，即以此式向下領格之，形意拳落如勾杆

圖6-9

領帶也。敵手自不能進。或以臂運勁而截擊之，形意拳截
手炮用法也。

## （五）進步掙捶

前式領回右拳，含蓄待發，緊接著進右步，將右拳打
出，左步隨之跟進。前進發拳時，手足動作務須一致，手
腳齊到，勇猛直上，動作敏捷，步法應練就一定尺寸，落
勢穩固不動，勿有反覆挪動之習慣。如圖6-9所示。

### 應用法

此式右拳之發，用切滾勁向前衝出，應用之法與前掙
捶相同。如右手被敵拿住，即用前式領手回捋帶，向懷內
滾腕猛領之，敵手自脫。隨用此式，向外滾腕前擊，形意
拳鑽翻手用法，起是鑽、落是翻用法也。往復迅速，敵多

圖6-10

莫測其妙也。

　　第一路反覆接練時，向前或翻身回練均用乘馬抱裏捶式再變，如圖6-10所示。動作要領與前同，唯左右方向相反。

# 第一路技擊使用法

**用法一，截手炮。**

　　如圖6-11、圖6-12所示。對方無論出左拳或是右拳向我擊來，我隨意用手臂的尺骨側向其劈砸，此法是逢實而擊，實變為虛，起落都打，乘勢向其面部劈砸。也可變為截手進身頂肘，肘手連環，用法是一氣通天地，兩氣隔山河。是鑽裏踐、黏隨脫的具體用法。左右用法相同，動作相反。

圖6-11

圖6-12

圖6-13

圖6-14

**用法二，磨邊炮。**

　　是黏隨脫的具體用法。如圖6-13、圖6-14所示。對方
用右拳向我擊來，我速起右手接手，左手托其肘，用順時

圖6-15　　　　　　　　圖6-16

針的旋轉力把對方的力化掉，並控制其右臂，隨後一頓，勁力由順時針旋轉變為逆時針旋轉，並釋開右手變拳，向對方面部打去。

用法是左右變化，一氣相連。俗云：打人不打臉，必是師父傳藝短。左右用法相同，動作相反。


### 用法三，圈手炮。

如圖6-15、圖6-16所示。是黏隨脫、撕崩捅的具體用法。對方用右拳向我擊來，我用右手接手制肘，隨後釋開右手，用右臂的橈骨側圈打，打時向對方後方滑步，勁力是左右形成順逆旋轉變化，上下形成勁向相反、勁力相合的槓桿力，將對方圈打而倒。左右用法相同，動作相反。

圖6-17

圖6-18

### 用法四，沖天炮。

是黏隨脫的具體用法。如圖6-17、圖6-18所示，對方用右手向我擊來，我速起雙手，接手制肘，隨後釋開右手並握拳，由下向上打上鑽拳（拳擊也叫上勾拳，形意拳稱之為坐地生火沖天炮）。打擊目標，上打咽喉，下打襠，對手不倒也心慌。軍體拳多為擊小腹部。用法要靈活，左右用法相同，方向相反。

### 用法五，連環馬。

是黏隨脫的具體用法。如圖6-19、圖6-20所示。接近對手，起左拳向其面部戳擊，隨即再用右拳向其面部打去，左右手連環如箭。其用意如烈馬翻蹄拍擊對方面部。若對方迎架，可變為地勾鑽拳和橫擺拳，拳拳相連，可謂

圖6-19

圖6-20

風吹浮雲散，雨打沉灰淨。兩拳突出「冷、脆、快、重」四字訣。左右手用法相同，動作相反。

### 用法六，橫抽栽捶。

如圖6-21、圖6-22所示，是黏隨脫的具體用法。對方接近時用雙手粘接，並控制對方勁力，若對方抗力，身手一滾，橫抽右手變拳，向前上方用拋力栽捶，擊打目標是胸面部。左右用法相同，動作相反。

### 用法七，雙栽把。

如圖6-23、圖6-24所示，是鑽裹踐、黏隨脫的具體用法。對方出雙手時，我用雙拳起鑽並黏住對方雙手，對方抗力，我接力變開肘雙栽把，向對方小腹栽打，用意向對

圖6-21

圖6-22

圖6-23

圖6-24

方尾閭或足跟方向擊。對方若抗力，也可起雙鑽拳變勁打
擊，下栽變上鑽，將對方擊出。

圖6-25　　　　　　　　　　圖6-26

**用法八，擠手豎捶。**

如圖6-25、圖6-26所示，是鑽裹踐、黏隨脫的具體用法。對方出手，我出雙手相黏接，隨即右手起鑽裹勁，用前臂外側黏靠住對方胸部，左手扶在右手臂上，形成左右手合力，上下豎力向對方擠撞。左右用法相同，動作相反。

# 第二路　進退連環捶

### 用法歌訣

三體開勢護肩掌，起手鷹捉不用忙。

回挧前劈罩面掌，虛實只在快與慢。

下鉤上發額頭邊，兩拳往復似連環。

圖6-27　　　　　　　　　圖6-28

此路動作以兩拳往復出入，一進一退，連環不斷而得名，使敵防不勝防，禦不可禦，各種國術姿勢，以是為名者亦有之，其取意大率類此。

## （一）護肩掌捋手式

三體式開勢變護肩掌，如圖6-27所示。

捋手，捋者，勁之名。右足向前進寸步，左足在後跟進，動中縮勁定勢，兩腿稍屈，重心在後足之上，同時右手由左側前自下而上劃圓抓捋，如圖6-28所示，起手如扇面，回捋一條線是也。其手非掌非拳，如鷹抓物之狀。左手在後置於右肩前，名為護肩拳。

岳氏八翻手的護肩掌，是由岳武穆王散手而來。岳氏八翻手除一路用雙拳抱裹捶勢外，其餘七路均以形意拳三體式變護肩掌開勢，三體式乃搏兔之鷹形，護心護肫劈拳也，其妙能盡形意拳熊鷹兩儀之精華。護肩掌側身顧前，

翻身顧後而後已成前。

練法動步、動身、動手一氣呵成。身體重心前三後七陰陽分明，易進易退，攻防皆宜，神內斂，威外露，練時眼光隨身手步之動作而領之。此手成功，他手無不成矣，學者珍之。

### 應用法

普通攻擊敵人，我先發手時，即以前手劈拳為攻，後手護肩，以肘護心。唯前手發出，須擊敵面部，垂肘下合。敵以拗手（右手對接彼之右手或皆左手相接為拗手）上挑，即捋其前臂回撤，亦有扣採敵衣者，則敵必前傾，我再施以他法擊之。若敵以順手（我右手對彼左手或我左手對彼右手為順手）上挑，則專用扣採之勁回撤，或以護肩掌之後手，在前手肘後穿出，捋敵之臂（八卦掌穿掌用法），同時撤前手為護肩掌。

在守的方面，設敵以拗手進擊我胸，即隨其來勢捋其腕，不煩先擊敵頭。誘其出手矣。如存必捋之心，則非擊敵頭部，誘敵出手上挑，捋之不穩之機也。制敵貴在一近字訣，愈近愈有把握。捋臂捋腕，唯近則宜，如法以求之，十不失一，必更證明此手之神妙。

## （二）上步撲面掌

接上式。左步上前一步，腳尖內扣，右足向右轉90°，下蹲成騎馬步，上體向右轉約90°，同時左掌由右肩前劈撲，如形意拳劈拳那樣，如圖6-29所示，指尖向上，掌心向前，掌與肩平，眼向前看。右手稍屈，肘尖下垂，手仰腕

護心，仍做捋手狀。上步後兩膝相合，兩足抓地要穩。撲面之掌，為撲擊勁，非推勁，身、手、步三者要同時發動。

圖6-29

打人定要先上身，腳手齊到方為真。鬆肩拔背，脊背之力注於兩手，勢要下沉。回捋與前撲之勁要上下相應，前後相合，含而不斷。撲按勁之意，如印印泥之勁，如拂鐘無聲，注於面門之上，有火到金化之效用。

**應用法**

此與捋手式應用銜接，敵右手已被我捋，即上左步扣鉤敵右前步，以左掌撲擊敵面，撲眼則淚出，撲鼻則火到金化而血出，撲額則仰面吊氣拔根，隨按摸發力而使之傾倒。此名摸額、抹眉、理髮，國術之普遍名詞也。

摸勁係以掌緊按敵頭額，隨頭之轉而摸。如由內向外劃一半圓，如旋如揮，繼撲勁而用之，唯同時五指攏按敵首，勿使逃遁。

撲勁則主擊，指掌合力，沉印而勢速，經常多用為虛手，用以驚敵，而引其他手也。

然虛實原無定見，敵能防則為虛，不能防則為實。此拳捋手撲面兩式，為拳中基礎精華。實為形意拳之三體式劈拳之功，正為三體式劈拳，斜為護肩掌八卦。千變萬

化，多由此生，學之若精，
其妙有不可言傳者矣。

## （三）擒腕齊眉捶

圖 6–30

左手變擒拿手下扣，重
心移於右腿，再以左腳尖用
力著地，足踵抬起，向後鉤
撤約四五寸，同時左擒拿手
向懷內撤，右手由抒手變
拳，自右肩上旋，齊眉上
擊，拳眼向下。如圖 6–30
所示。

注意左手變擒拿手時，右手之抒手，同時也向右沉
勁。左足尖劃地鉤撤時，腰向左稍擰，左手也向左稍撤，
右手之齊眉拳，須合左方之動作相應發出。

### 應用法

抒敵之右腕，擊撲面掌時，若敵以左手挑格，即以左
掌下合，擒拿其腕下扣，右手也同時向右抒，使敵兩臂肘
關節相搭，名曰十字鎖法。

左足扣敵右足跟，向後鉤撤，同時左手拿敵腕，向左
斜拉，則敵失其重心，必撲倒於我左前方。同時再以右拳
齊眉打出，擊其面部，敵必頭破血出矣。

此式之關鍵，在十字交叉鎖手，敵手被鎖，無復顧慮
不敗。如何鎖手應實際求其妙也。設撲面掌擊敵時，敵不
挑格下按，則左手隨其按勁下扳，而以右直拳沖敵面部，

圖6-31　　　　　　　　　圖6-32

或翻掌（掌心向上）托敵之臂而用捋之。如不傷其頭而用
跌摔時，左手斜領，右手斜劈敵之左肩根部。形意拳經謂
之云：「左右進取宜劍勁，得心應手敵自翻矣。」

## （四）馬步沖拳

　　右拳齊眉前擊後，即回撤置額頭上方，同時將鈎回之
左足向前邁進，右足隨之跟進做乘馬狀。如圖6-31所示，
注意此式右拳回撤、左拳前擊、進左步、右足跟，四勢合
而為一。尤須以腰力通於兩臂，注於左拳端。

## （五）馬步沖拳再變護肩掌

　　由左馬步沖拳，再練時右後足向右前方邁半步，重心
坐於右足七分勁力，左足三分勁力。右手變護肩掌（熊形
也）。翻身回練方法是，左足在前右轉身，右足在前左轉
身，變護肩掌再向前捋手即可。如圖6-32所示。

圖6-33　　　　　　　　　圖6-34

### 應用法

以齊眉拳擊敵時，敵若以右手上格，即進左步，以左掌變拳衝擊其胸肋。凡與敵交手，遇敵上身後仰，或向上挑格我手，均可用此式擊之。用形意拳三點步打直刺拳同然，拳擊亦是此法，擊頭部而已，只不過戴手套綿緩保護之。唯須坐式進擊，節短而勢猛，則可操勝券。切忌拖泥帶水，散緩失機。

## 第二路技擊使用法

### 用法一，捋手劈面掌。

是鑽裹踐、黏隨脫的具體用法。如圖6-33、圖6-34所

圖6-35　　　　　　　　圖6-36

示。對方出右手向我擊來，我用右手黏接，太極拳手法接一
手控制對方兩手，右手向回抓抆，左手向對方面部按擊，其
勁力如劈拳拂鐘無聲，起手鷹捉。有掌手雷火到金化之效。
左右手要暗用上下波浪力。左右用法相同，動作相反。


### 用法二，鉤腿擊頭。

是鑽裏踐、黏隨脫的具體用法。如圖6-35、圖6-36所
示。對方出右拳向我擊來，我起雙手抓手拿肘，回抆上
托，並上左足鉤住對方右腿，隨勢釋開右手，向對方面部
腮部戳擊。左右用法相同，動作相反。


### 用法三，外倒鉤劈拳。

是鑽裏踐、黏隨脫的具體用法。如圖6-37、圖6-38所

圖6-37　　　　　　　　　　圖6-38

示。對方出右拳向我擊來，我出雙手接手制肘，隨即釋開右
手向其脖頸處橫砍，同時下起左腿向對方右腿窩處砍擊。其
勁力是先用順時針，再變逆時針左右旋轉，可謂順領逆砍，
手腳上下併用，形成槓桿合力。左右用法相同，動作相反。

### 用法四，壓手劈面。

是鑽裏踐、黏隨脫的具體用法。如圖6-39、圖6-40所
示。對方出右拳向我擊來，我出右手黏接，隨後上左手向
下壓對方右臂，右手向其面部劈打。是形意拳、八卦掌移
花接木的典型用法。外觀好似一探面掌，實為藏圓之法的
旋轉應用。用法左右相同，動作相反。

### 用法五，穿梭挑掌。

是鑽裏踐、黏隨脫的具體用法。如圖6-41、圖6-42所
示。對方出右拳向我擊來，我出右手向外粘接，左手摘撞

圖6-39

圖6-40

圖6-41

圖6-42

挑掌，隨即進左足於對方右足後方，向前打穿梭推掌，向
對方心胸部位踏擊。左右用法相同，動作相反。1915年韓
穆俠就用此法打倒俄國大力士康泰爾，名揚京津，為形意
八卦掌以及國人爭了光。

圖6-43

圖6-44

### 用法六，捋肘砍掌。

是鑽裏踐、黏隨脫的具體用法。如圖6-43、圖6-44所示。對方出右手，我進中門用左手起鑽落翻，抓住對方肘部，隨即上起右手、下起左足，勁向相反，勁力相合，上砍脖頸、下砍腿，形成上下槓桿螺旋力，把對方砍倒。左右用法相同，動作相反。

### 用法七，龍形截腿。

是鑽裏踐、黏隨脫的具體用法。如圖6-45、圖6-46所示。對方出右手向我擊來，我出右手黏接抓捋，同時起右足向對方腿部截蹬，用時變手可托肘，釋開右手打探面掌。用法歌訣云：起手就往腿上踹，反手再向面門蓋，三隻手腳協調用，就是邪怪也驚呆。左右用法相同，動作相反。

圖6-45

圖6-46

圖6-47

圖6-48

## 用法八，撐磨腿。

是鑽裹踐、黏隨脫、撕崩捅的具體用法。如圖6-47、圖6-48所示。對方出右手向我擊來，我出雙手接手制肘粘

接控制對方，隨即用滑步向其腿後進步，同時釋開右手向對方胸肋或面部踏擊。使其形成上下波浪力、上下螺旋槓桿力，把對方打倒。左右用法相同，動作相反。

# 第三路　翻身撒身捶

## 用法歌訣

三體開勢護肩掌，起手鷹捉不用忙。

回挦前劈罩面掌，翻身顧後撒手捶。

回身雙挦順手炮，兩捶連環寸踐到。

撒身捶，撒者，撒開之意也。撒身捶即撒開身勢，以捶擊敵也。在國術名詞中，撒字有轉翻折疊之意，如形意炮拳同然。此路動作，以回身、翻身兩者組合而成，注重身法，故有此名。

## （一）回身架打

以三體式開勢，如圖6-49所示。

接上式。左足回扣，向右後轉身180°，右足撤回半步，雙拳抱於心口處。如圖6-50所示。

起右手握拳起鑽，右足向右前方邁進，右拳上架橫於右額太陽穴處。左拳打出，如圖6-51所示，右腿向右前方邁步。

注意邁步回身時，要伸腰助勢，提後腿之力，送達拳端，但足跟不能離地。

圖6-49

圖6-50

圖6-51

## 應用法

　　敵由右前方或左後方來擊，即回身順手架打，如形意翻身炮拳也。經常設以順手扣拿敵腕，敵用左手格架，我

圖6-52                                    圖6-53

貼身上挑敵左臂，撒替右臂前擊敵胸面，此式應用形意拳
謂炮拳，八卦掌謂單換摘撞掌，太極拳謂玉女穿梭，用時
秘接敵身，用的是「近」字訣。

## （二）翻身雙捋

接上式。向左轉身，右足以足踵為軸回扣，同時兩手
掌心向上，如圖6-52所示。

翻身雙劈拳做捋手狀，也叫狸貓倒撲鼠。向上做捋手
狀如拋物線形，左手在上，右手在下，置於左膝旁，左足
虛步，足尖著地，斂撒至右足前約六七寸，成丁字形，重
心多在右足。如圖6-53所示。

注意向後翻身，變前步為後步，後步為前步，身即翻
矣。其主要為兩手雙捋扣拿（向左翻身，左手捋右手扣
拿，向右翻身則反之），前步動中縮勁內斂。雙捋之手須
卸勁於左膝之外落空，免敵力壓己身，演練時各種動作務

圖6-54

當迅速而連貫。

**應用法**

　　敵由身後擊來，翻身雙挒其臂，敵臂落空前傾。遇敵交手時要意注身後，用眼光注意，形意拳經謂之十目所視之意。雙挒之法實為少林拳的金貓倒撲鼠、形意拳的狸貓倒上樹之用法。翻身以左手挒，右手扣拿敵左臂，釋開左手變拳或掌前擊敵胸面，為擊無不中之法。

## （三）進步架打

　　接上式。進左步，以右手上架，左手打出，兩手皆成拳，蹲做乘馬勢，如圖6-54所示。

　　注意進步時右步隨之跟進，肩胯相合不偏，腰脊直立，練時以意送全身之力，勁力達於兩拳。

圖6-55

## 應用法

用雙捋手將敵扣捋，若敵向上挑格，即釋右手挑捩敵之右臂，以左手變拳前擊其胸面。凡用捋手，不分單雙捋手，若敵用掙奪之力，即用另一手倒換，摘撞捩變進擊，此法是形意、八卦、太極、少林拳中陰陽回環掌捩法之精華。

## （四）上步鉤摟鑽打

上右步右手打出，仍做乘騎勢，如圖6-55所示。鑽打與架打，大同小異，有講展打者，上架之手，不必大挑，稍開即進，形如鷂子入林，抿翅而進，蓋其致用較架打更接近。上架時，與敵腕相搭，用圓勁向外化走，鑽身即進，猶如形意拳鷂子入林。

接練上式翻身時，起左拳鑽裏，右前足回扣，向左後

圖6-56

方轉身，並把左足斂回，如圖6-56所示。

再向左前方打撇身炮拳，繼續練向右翻身雙抝劈拳，進步架打，左右反覆練習。左足在前右翻身，右足在前左翻身，雙抝後再向前架打。左右要求相同，唯方向相反。練時手足動作務應連貫迅速，勿稍猶豫，因在實際上，稍緩即不能動進，故於演練時，須養成連貫迅速之習慣。

## 應用法

以前式架打後，敵若格我左手，即向外化走，此看似挑似架，實可如鉤如摟。綜其真義，利用敵勁落空，乘機而進。故鑽身達其胸腹，兩手之勁，皆須沉著靈動。

凡遇敵臂手相搭時，無論敵用架用扳，均向外化走，乘勢以粘手進擊。但擊時，鑽身進步則可勝，若探打，則無不能矣。

圖6-57　　　　　　　　圖6-58

# 第三路技擊使用法

### 用法一，起手炮。

是鑽裹踐、黏隨脫的具體應用。如圖6-57、圖6-58所示。對方出右拳向我擊來，我出左拳起鑽黏接，同時用右拳向對方下頜、面部以及心胸的發落點擊去。左右用法相同，動作相反。

### 用法二，摞手炮。

是鑽裹踐、黏隨脫的具體應用。如圖6-59、圖6-60所示。對方出右拳向我擊來，我進偏門用右手向回摞掛對方

圖6-59

圖6-60

右手，隨即進寸步右掌向對
方面部塌掌。其內在精奧，
如獅子滾球，順轉逆出，是
反者道之動之用法，左右遊
身，兩手如輪腰如軸。左右
用法相同，動作相反。

**用法三，雙劈掌。**

圖6-61

是鑽裹踐、黏隨脫的具
體應用。如圖 6-61～圖
6-63所示。對方出右拳向我擊來，我用右手在左手下單換
掌起鑽落翻，劃圓下劈，隨即再迅速前劈。用法如狸貓撲
鼠，左右用法相同，動作相反。

圖6-62

圖6-63

圖6-64

圖6-65

### 用法四，頂肘撇面捶。

是鑽裏踐、粘隨脫的具體應用。如圖6-64、圖6-65所示。對方出右手向我擊來，我先用右手截攔鑽裏，左手在

圖6-66　　　　　　　　　　圖6-67

右手下鑽出並粘接對方右手，隨即用右肘頂擊其胸肋部並接打反背捶，這就是肘手連環。左右用法相同，動作相反。


### 用法五，旋風勢肘抗。

是鑽裏踐、黏隨脫的具體應用。如圖6-66、圖6-67所示。對方出右手向我擊來，我用游身法、上右進左法，腰如軸，兩拳似輪，先順轉，再逆轉，用挾剪之技法、形意拳的裏胯法，把對方靠倒。左右用法相同，動作相反。


### 用法六，風輪劈掌。

是鑽裏踐、黏隨脫的具體應用。如圖6-68、圖6-69所示。對方出右手向我擊來，我起右手向外領黏接，左手向下劈打，右掌向前戳擊。

圖6-68　　　　　　　　　圖6-69

　　如要聯手打時，左手打反背掌，右手再打斜劈掌，可謂連環掌典型用法。左右用法相同，動作相反。

**用法七，裹胯勢。**

　　是鑽裹踐、黏隨脫、撕崩捅的具體應用。如圖6-70、圖6-71所示。對方出右拳向我擊來，我起手接手制肘，釋左手向對方臂下穿出，同時上左步，用挾剪技法，肘膝合力，用裹胯法把對方打倒。

**用法八，探馬捶。**

　　是鑽裹踐、黏隨脫、撕崩捅的具體應用。如圖6-72、圖6-73所示。對方出右手向我擊來，我用右手外領回鉤粘接，隨即上左手再鉤掛對方右手，右拳向其面部打探面捶。左右用法相同，動作相反。

圖6-70

圖6-71

圖6-72

圖6-73

圖6-74

圖6-75

# 第四路　葉底藏花捶

## 用法歌訣

三體開勢護肩掌，起手鷹捉不用忙。

前捋後扣用摜掌，有手擋架抱裹拳。

纏管巧鉤打肋間，斜劈拗步敵自翻。

此路之名，自岳武穆散手而來，屬象形取義橫拳之用法，亦有講肘下捶、攔腰捶者，其動作虛實相間，變化多方，誠妙手也。

## （一）三體式變護肩掌上步扣手

三體式護肩掌同前，進右手起手鷹捉拿腕，再進左足捋扣敵之右肘，如圖6-74～圖6-76所示。

圖6-76　　　　　　　　圖6-77

注意将手及扣手狀，皆非拳非掌，手指內攏，扣如鋼鉤，右手含将勁，左手含扣勁，左右手虎口相對。右肘貼肋，左肘下沉，兩膝內扣，脊骨要直。

### 應用法

以右手将敵右腕，上左步扣敵右步，以左手扣敵右臂。坐勢下沉，制敵之半身，使敵失卻一半抵抗力，然後從容擊之。扣敵後，我身愈向右轉，則敵愈不能抵抗。但務得其中，勿有過與不及之弊。

## （二）橫摜掌

接上式。左手緊扣不移，以右掌用鞭勁橫摜。扣手要緊，敵不能抗，一釋右将手，即橫打摜耳掌，身應更向敵前貼靠，橫摜時，肩膀要鬆，掌心蓄力。如圖6-77所示。

圖6-78

圖6-79

### 應用法

左手扣敵右臂不動，右掌橫攢敵面（約在太陽穴部位）。此手遇實則虛，遇虛則實。

## （三）攔腰捶

接上式。向後卸身，稍斂左步，右掌撤回做捋拿狀橫於腹上右側，拳心向內，隨即左手上挑，臂向上屈抱，肘下沉貼肋，右手向左攔腰橫擊，拳眼向前仍開左步，如圖6-78、圖6-79所示。注意身之一卸一進，步之一斂一開，以及左手之挑，右手由右向左橫攔擊之，皆須動作合拍，與應用之意不違。

### 應用法

以前式攢耳掌擊敵左臉部，敵必以左手挑格，即隨以

圖6-80

挑勁、粘敵手後撤，則敵臂必伸直，再以左手穿其肘後上
挑向後，愈高愈可得勢。架過我頭之後，即以右拳擊其左
肋。若扣住敵步，則於挑起後，我身向左一擰，不待拳
發，敵即倒矣。

　　若使用摜耳掌時，敵手不挑而下扣時，則右手回撤，
向外翻掌捋其左腕，仍穿左臂於敵左肘後，左臂內合，右
手向外推按抖力，則敵臂可折矣。唯此類著法，均須以腰
勁助勢，抱肘勢獅子抖毛用法即此意也。

## （四）翻身勢

　　接上式。右後足向右前方斜邁一步，變右手護肩掌，
如圖6-80所示。

　　前練下式，均以護肩掌變捋扣手，左右要求相同，唯
方向相反。翻身後練時左足在前右翻身，右足在前左翻身
變護肩掌再練。

圖6-81                    圖6-82

# 第四路技擊使用法

**用法一，葉底藏花掌。**

是鑽裏踐、粘隨脫、撕崩捅的具體應用。如圖6-81、圖6-82所示。對方出右拳向我擊來，我接手托肘粘拿，隨即釋開右手用掌向對方腋下推擊，同時用左足鉤住對方右腿。左右用法相同，方向相反。

**用法二，橫抽摜面掌。**

是鑽裏踐、黏隨脫、撕崩捅的具體應用。如圖6-83、圖6-84所示。對方出雙手對我進行黏拿，我用雙手搭接黏住，隨後我左手向右蓋壓對方左臂，右手向其面部斜劈。左右用法相同，動作相反。

圖6-83

圖6-84

圖6-85

圖6-86

### 用法三，攔腰捶。

是鑽裏踐、黏隨脫、撕崩捅的具體應用。如圖6-85、
圖6-86所示，左手抓住對方右手腕，右手抱住對方右臂，

圖6-87　　　　　　　　　　圖6-88

隨即釋開左手，用左臂攔腰橫擊。左右用法相同，動作相反。

### 用法四，採手炮。

是鑽裏踐、黏隨脫、撕崩捅的具體應用。如圖6-87、圖6-88所示。我用右手抓住對方右手腕，左手扶於右手虎口處，左右手合力向下採捋，隨即釋開右手抬左足上下砍擊。左右用法相同，動作相反。

### 用法五，抱臂反靠別。

是鑽裏踐、黏隨脫、撕崩捅的具體應用。如圖6-89、圖6-90所示。我左手抓住對方手腕，右手抱住手臂，隨即右足橫跨埋住對方左足，上下挾剪合力，將對方靠別而倒。左右用法相同，動作相反。

圖6-89

圖6-90

圖6-91

圖6-92

## 用法六，仙人抹眉。

　　是鑽裏踐、黏隨脫、撕崩捅的具體應用。如圖6-91、圖6-92所示。對方用右手向我擊來，我用右手抓住對方右

圖6-93 　　　　　　　　圖6-94

手，左手壓埋住對方，隨即左手向外抹其頭面下頜部。左右用法相同，動作相反。

**用法七，霸王解甲。**

是鑽裹踐、黏隨脫、撕崩捅的具體應用。如圖6-93、圖6-94所示。左手抓住對方右手腕，右手臂向上縮身上挑，上肩過頭，隨即再用右手拍抓對方大腿部，並向身後旋轉拋扔。左右用法相同，動作相反。

**用法八，獅子滾球旋轉手。**

是鑽裹踐、黏隨脫、撕崩捅的具體應用。如圖6-95、圖6-96所示。對方出右手向我擊來，我用右手粘接對方手腕，左手托住對方肘部，雙手如獅子滾球一樣旋轉向前發出。左右用法相同，動作相反。

圖6-95

圖6-96

# 第五路　仙人掌舵式

## 用法歌訣

　　三體開勢護肩掌，起手鷹捉不用忙。

　　前劈用的翻背掌，十字捆手巧鉤忙。

　　托肘踏胸隨勢用，撲按勁力全身攻。

　　此路專重擲人，發勁時須有定力，則擲發準確。又名推山式。

## （一）三體式變護肩掌上步撇面掌

　　接左式護肩掌将手，右手起手鷹捉變将手，左手向前打反背掌，又名虎尾鞭。上左步，身體向右轉，左掌從右

圖6-97

圖6-98

肩前用反背掌前擊，掌心向內，右手仍做捋手狀，橫於胸前護心。注意此式與撲面掌相似，只不過此式是用手背鞭擊，如圖6-97、圖6-98所示。

**應用法**

以右手捋敵腕，左手用反背掌擊敵之面，誘敵出手格架，則轉掌用意捋其腕，此著在本式為虛手，因專重擲發敵人，為下式合手、雙推虎撲做準備。

## （二）十字合手

左手轉掌下合，右手仍增用捋勁，隨之下合，兩肘束肋，上體稍屈，勢下蹲。曰拿合手，如圖6-99所示。

**應用法**

兩手十字交叉，捋敵腕下合，身稍屈，肘貼肋，動中

圖6-99

圖6-100

縮勁。此時敵不掙扎用發，若掙扎適助我發勁也。且雙捋
下合，敵必前傾，前傾則必後掙，此自然之力。若有懂勁
之手，順我合手而進，則我由前撲變為閃身向斜方向單捋
之，令其落空，即用撩手擊其面部。

## （三）雙推掌

雙推掌是體現基本功力的實用拳法。打虎撲雙推掌不
能將人撲倒擲出，則拳法功夫虛假空練，不得真傳也。練
法如下，進左足，右足跟進，雙手向前推撲，如圖6-100
所示。注意撲時，要用腰力，內力要前丹打後丹，臀收尾
坐，發猛虎坐窩之力。

### 應用法

用合手時，敵若掙扎，即進步按其兩肘，用力前推；
如敵手已開，則照準其胸部平推直按，用整勁將敵擲出。

圖6-101

## （四）翻身護肩掌

右足向右前方邁出一步，變右手護肩掌，如圖6-101所示。下練左右方向相反，要求相同。翻身時左足在前右翻身，右足在前左翻身，變護肩掌再練。

# 第五路技擊使用法

**用法一，十字手橫劈。**

是鑽裹踐、黏隨脫、撕崩捅的具體應用。如圖6-102、圖6-103所示。對方用右手向我擊來，我用右手抓住其右手，左手抓其左手，形成左右十字相抓，隨後釋開右手起左足，上下挾剪砍擊。左右用法相同，動作相反。

圖6–102

圖6–103

圖6–104

圖6–105

**用法二，虎撲撞掌。**

　　是鑽裏踐、黏隨脫、撕崩捅的具體應用。如圖6–
104、圖6–105所示。對方出手，我用雙手把對方雙手黏蓋

圖6-106                    圖6-107

住,隨即向對方胸部發虎撲撞掌。

**用法三,獅子抖毛撩面掌。**

是鑽裹踐、黏隨脫、撕崩捅的具體應用。如圖6-106、圖6-107所示。對方出雙手向我擊來,我用雙手由外向內裹壓,隨即用開肘抖手之法向其面部彈抖。

**用法四,虎托撞掌。**

是鑽裹踐、黏隨脫、撕崩捅的具體應用。如圖6-108、圖6-109所示。我用雙手把對方兩肘托起,隨即再發虎撲撞掌。托對方單手、雙手用法相同。

**用法五,黑虎扒心。**

是鑽裹踐、黏隨脫、撕崩捅的具體應用。如圖6-110、圖6-111所示。對方出手時,我用雙手由內向外鉤掛

圖6-108

圖6-109

圖6-110

圖6-111

陰化，隨即兩手背相對，向對方胸部發落點用指尖戳擊。
變手可用虎撲、童子拜佛開合掌前擊。

圖6-112

圖6-113

**用法六，外倒鉤虎撲。**

是鑽裹踐、黏隨脫、撕崩捅的具體應用。如圖6-112、圖6-113所示。對方出右拳向我擊來，我接手拿肘，隨即釋開左右手，起左足上撲下砍。左右用法相同，動作相反。

**用法七，裡倒鉤虎撲。**

是鑽裹踐、黏隨脫、撕崩捅的具體應用。如圖6-114、圖6-115所示。對方出右手向我擊來，我抓手制肘並向外領化，隨即用右足鉤住對方右腿，上部用虎撲。左右用法相同，動作相反。

**用法八，上捲下合掌。**

是鑽裹踐、黏隨脫、撕崩捅的具體應用。如圖6-116、

圖6-114

圖6-115

圖6-116

圖6-117

圖6-117所示。對方出雙手向我撲來，我用雙手進身起鑽，隨即下翻拍打，上卷下翻拍擊能將對方打起懸空倒地。用力在暗肘的開合力。

圖6-118

# 第六路　霸王捆豬式

**用法歌訣**

　　三體開勢護肩掌，起手鷹捉不用忙。
　　抓手托肘滾切抖，拔背坐臀雙推手，
　　捋帶巧鉤拍打走。順領捩變穿梭手，
　　狸貓上樹藏裡頭。

　　此路之名，極形容勇猛無敵，為捆字訣，捆之可隨意擲打，莫之能禦，名雖欠雅馴，遵重傳承，以存其真。捆手與摔跤術之抖麻辮相同。

## （一）三體式變左式護肩掌

　　如圖6-118所示，要求同前。

圖6-119

圖6-120

## （二）捋手捆拿式

右手捋手，意拿敵腕，起手鷹捉，左手拿肘，如圖6-119所示，如拿抖大槍那樣。

雲龍師講，先師劉德寬（外號大槍劉）用此法抓手拿肘，向上一翻抖能將對方發出丈餘騰空而出。

## （三）滾切翻抖式

我用兩手將敵手之一臂捋拿，敵處於被動地位。隨即我用肩肘向上滾切敵胸腋部位，敵必拔根而起。再順勢下鉤上發虎撲，敵猶如被捆後而拋出。如圖6-120所示。

**應用法**

滾切翻抖之用法如上述。如用單手時，左手向上托敵肘，釋開右手前發敵之胸肋腋下，發時用左足鉤敵之右腿，為形意拳狸貓上樹之用法。

圖6-121

## （四）翻身護肩掌

如練下式時，右後足向前邁一步，變為右手護肩掌，如圖6-121所示。翻身時均由左右護肩掌變勢，左足在前右轉身，右足在前左轉身，可參閱上述左式，要求相同，唯方向相反。

# 第六路技擊使用法

**用法一，拿臂滾抖掌。**

是鑽裹踐、撕崩捅的具體用法。如圖6-122、圖6-123所示。對方出右手向我擊來，我抓手接肘並粘拿向上引領，下進左足埋鉤對方右足，上用肘貼胸外滾推掌。左右用法相同，方向相反。

圖6-122

圖6-123

圖6-124

圖6-125

## 用法二，拿臂抹脖踢。

是鑽裹踐、黏隨脫、撕崩捅的具體用法。如圖6-124、圖6-125所示。接手拿肘，釋開右手順肩抹鉤住對方

圖6-126

圖6-127

脖頸，下用踢法，使對方倒地。也可以走轉用踢或揀腿。
左右用法相同，動作相反。

### 用法三，拿臂反切。

是鑽裹踐、黏隨脫、撕崩捅的具體用法。如圖6-126、
圖6-127所示。對方出右手向我擊來，我接手制肘，隨即
遊身側滑步，用手足上下反切對方，是形意拳挾剪之用
法。左右用法相同，動作相反。

### 用法四，拿臂托肘雙推掌。

是鑽裹踐、黏隨脫、撕崩捅的具體用法。如圖6-128、
圖6-129所示。對方出右手向我擊來，我接手托肘，並粘
拿住對方，用力向上一托領，隨即進身發虎撲掌。左右用
法相同，動作相反。

圖6-128

圖6-129

圖6-130

圖6-131

### 用法五，狸貓上樹。

是鑽裹踐、黏隨脫、撕崩捅的具體用法。如圖6-130、圖6-131所示。我用雙手抓住對方右臂，用力向上一

190

圖6-132

圖6-133

領，下起足鉤打對方右腿，同時上部發虎撲掌。左右用法相同，動作相反。

### 用法六，捋臂鬼神腿。

是鑽裹踐、黏隨脫、撕崩捅的具體用法。如圖6-132、圖6-133所示。對方出手向我擊來，我起雙手接手制肘，隨即游身跨步，上左步，進右足，向對方襠下插足，上用雙推掌擠撞。左右用法相同，動作相反。

### 用法七，撞肩揀腿。

是鑽裹踐、黏隨脫、撕崩捅的具體用法。如圖6-134、圖6-135所示。對方出右手向我擊來，我用右手抓拿住對方右手腕，用左掌推擊對方肩部，隨即左手掌順其身下抹揀腿。左右用法相同，動作相反。

圖6-134

圖6-135

圖6-136

圖6-137

### 用法八，拿臂巧鈎。

是鑽裏踐、黏隨脫、撕崩捅的具體用法。如圖6-136、
圖6-137所示。抓住對方右手再螺旋拉涮，再上右足拗步

巧鉤。左右用法相同，動作相反。

# 第七路　二龍戲珠式

## 用法歌訣

三體開勢護肩掌，起手鷹捉不用忙。

前捋後砸截面掌，抱裹沖捶向前蹚。

臂手好似虎尾鞭，五花炮打步盤旋。

此路為太極琵琶式的用法，實際為岳武穆王創形意拳的五花炮，砸為妙，臂手虎尾鞭，雙手似輪翻的變手。

## （一）三體式變護肩掌捋砸戳指

從左式護肩掌開始，右手起手鷹捉捋拿，進右足，用左手握拳自上而下掄圓下砸，隨即釋右手二指前戳。如圖6-138～圖6-140所示。

注意前幾路用掌，此路用拳下砸，上身注意向左側轉閃，實際應用時，須防敵人左手探掌擊也。雖含閃意，也必緊貼敵身粘逼不離，勁應集中於左拳，下砸時勁力下沉，並粘靠埋擠敵身，再用二龍戲珠戳擊。

### 應用法

下砸法是形意拳的虎尾鞭，截手五花炮，太極拳的栽捶，八卦掌摘手探掌的用法。用時稍用捋勁，敵必前傾，他手必後墜，不暇來防，我乘機探掌擊打，敵目必被創

圖6-138

圖6-139

圖6-140

矣。亦有五指齊戳者，也有抓擊敵面者，名曰鷹抓手是
也。此著有實擊與虛著要手法，須明辨之。

圖6-141　　　　　　　　　　圖6-142

## （二）抱肘直打

向前戳擊之右手回撤變
捋拿，左手向上抱裹，如圖
6-141所示。

左足前進寸步，右足隨
進的同時，釋開右手向前打
直擊拳，如圖6-142所示。

### 應用法

圖6-143

此式重用截法，要手捋
抱為截折法，與第四路葉底藏花捶的用法相同。順手挑抱
直打也可，但下步必鉤敵足。拗手挑抱用截折敵臂，抱挑
過肩用背上斜飛拋擲。

接練下式時，右後足向前邁一步變右手護肩掌，如圖

圖6-144

圖6-145

6-143所示。練法參閱上述之法,其要領相同,唯左右方向相反。翻身法,左足在前右轉身,右足在前左轉身,均以護肩掌開始變勢。

## 第七路技擊使用法

### 用法一,二龍戲珠。

是鑽裹踐、黏隨脫、撕崩捅的具體應用。如圖6-144、圖6-145所示。對方出右手向我擊來,我出雙手右捋左砸,隨即釋開右手用二指戳刺對方眼部。左右用法相同,動作相反。

圖6-146

圖6-147

## 用法二，迎面換掌，也叫三換掌。

是鑽裹踐、黏隨脫、撕崩捅的具體應用。如圖6-146～圖6-148所示。對方出右手向我擊來，我用雙手右挓左砸，隨即右手前探，左手在右手下向外打反背掌。左右用法相同，動作相反。

## 用法三，挓手鑽拳。

是鑽裹踐、黏隨脫、撕崩捅的具體應用。如圖6-149、圖6-150所示。對方出右手向我擊來，我用右手抓拿挓扣，左臂粘壓住對方右臂上部，左臂下壓，右手打鑽拳。左右用法相同，動作相反。

圖6-148

圖6-149

圖6-150

圖6-151

圖6-152

### 用法四，蟄龍探爪。

是鑽裹踐、黏隨脫、撕崩捅的具體應用。如圖6-
151、圖6-152所示。對方出右手向我擊來，我用三體式出

圖6-153

圖6-154

手相迎，也叫懶紮衣。此是左穿右拍位戳擊的典型用法，也是岳武穆陰陽回環手旋轉用法。左右用法相同，動作相反。

### 用法五，五花炮。

是鑽裹踐、黏隨脫、撕崩捅的具體應用。如圖6-153、圖6-154所示。對方出右手向我擊來，我用右捋左砸法進步欺身，同時右拳向對方面部戳擊。用法是一近字訣，武穆歌訣云：「五花炮，砸為妙，臂手虎尾鞭，雙拳似輪翻。」左右用法相同，動作相反。

### 用法六，抄臂抹脖。

是鑽裹踐、黏隨脫、撕崩捅的具體應用。如圖6-155、圖6-156所示。對手出右低手向我擊來，我用左手向對方臂下別背而纏，上右手抹對方脖頸，走螺旋轉摔。左右用法相同，動作相反。

圖6-155

圖6-156

圖6-157

圖6-158

**用法七，扒脖踢摔。**

是鑽裏踐、黏隨脫、撕崩捅的具體應用。如圖6-157、圖6-158所示。右手抓住對方右手，左手扒拿對方脖

圖6-159

圖6-160

頸，先向右捯，再向左踢摔。左右用法相同，動作相反。

**用法八，順手牽羊。**

是鑽裹踐、黏隨脫、撕崩捅的具體應用。如圖6-159、圖6-160所示。對方出右手向我擊來，我用雙手捯拿，並接手制肘，隨即用右腳橫踢對方右小腿中部，有順手牽羊丁字腳之稱。左右用法相同，動作相反。

## 第八路　擺肘壓打捶

### 用法歌訣

三體開勢護肩掌，起手鷹捉不用忙。
後手援上翻背掌，掩肘肱捶頂心上。

圖6-161

圖6-162

下壓上挑連環捶，摘撞劈砸面門上。

擺肘是形意、八卦、太極拳的護心之顧法，正如形意拳經講的，肘不離肋，手不離心，出洞入洞緊隨身是也。本路重以捆拿勝人，著法必近身致用，不貴花著贅式，此路所含捆拿應用法最多。其勝敵之妙，善於用肘，肘之擺運，變化莫測。附以壓挑之法，結合綿密，故名擺肘壓打捶式是也。

## （一）三體式變左式護肩掌

如圖6-161所示，與前幾路相同。

## （二）抱裹捶

右手捋拿，右足前邁，身體右轉，左掌握拳屈臂抱裹，如圖6-162所示。

圖6-163

## 應用法

右手捋拿，用左臂向內抱掛，是太極拳引化拿發之術的應用。

## （三）掩掛栽打

左臂沉肩墜肘，用肘向回掩掛，右手向前打出崩捶，左足前邁，如圖6-163所示。注意左肘回掛和右手前擊勁力相合為一。

## 應用法

掩肘可單封單進，即用左手向下滾掩，再用左手前擊。也可一手裹掩，另一手前擊。拋擲時左手要回掛其臂，右手向左自上向下斜劈，斜劈時不但回掛前發之手左右相合，而且要手腳上下相合。擺肘掩掛有下夾上夾之分

圖6-164

也,掩掛栽打與太極拳栽捶應用相同,凡是夾臂抱拿敵掙扎時,即變發手。

## （四）壓挑手頂心捶

當右手打出栽捶時,敵必向上挑格或是向下壓砸,我隨勁變手,敵上挑我用挑打,謂形意拳烏龍入洞;如敵向下壓砸,我用壓手頂心捶,即少林拳喜鵲登枝。如圖6-164所示。步法以乘馬勢,為緊逼短馬捶也。

### 應用法

以上手法是講打頂心捶,也可上打咽喉,下打陰,左右兩肋並中心,實為形意拳崩拳變手而已。壓挑手有空就入,見孔插針也。

圖6-165　　　　　　　　圖6-166

## （五）迎面砸捶

左右手握拳十字相搭，左拳摘撞上挑過頭，右手在內，左手在外。如圖6-165所示。

前步稍內斂蓄勢，盤旋進左步，用右拳迎面砸擊，拳心向內名為反背捶。注意上挑時步要斂，身進捶擊。如圖6-166所示。各式動作，前進須存後退意，上挑須含下壓意，所謂有「開合勁、往復勁」。習拳內勁至重要，凡起手以用意為主，用力為次。故易言上九曰，亢龍有悔也，學者玩悟之。

### 應用法

應用壓挑手頂心捶時，敵如雙手掙脫，盡力上格，即以左手前臂橫臂上挑，右手在上，隨之高起，如搭十字。挑起後，以右拳砸擊敵面，凡挑高敵手過頭之勢，皆可以

圖6-167

此法而擊之。唯動作須迅速，否則中下兩盤過空，敵手雖不及進，尚須防其用腿也。常山之蛇首尾相應之喻，不可不思矣。

## （六）翻身變護肩掌

右後足向前上方邁出一步，變右護肩掌，如圖6-167所示。右式練法要求與左式相同，唯方向相反。轉身練法，均是左足在前右轉身，右足在前左轉身，以護肩掌變勢而練之。

圖6-168

圖6-169

# 第八路技擊使用法

**用法一，扒脖槓別。**

是鑽裏踐、黏隨脫、撕崩捅的具體應用。如圖6-168、圖6-169所示。對方出手，我用左手抓其肘部，右手扒拿對方的脖頸，隨即側身抿襠扭胯，用外胯槓打。左右用法相同，動作相反。

**用法二，橫抽崩拳。**

是鑽裏踐、黏隨脫、撕崩捅的具體應用。如圖6-170、圖6-171所示。對方出右手向我擊來，我用右手起迎黏接，左手托肘，再出右拳向對方胸肋部崩打。左右用法相同，動作相反。

圖6-170

圖6-171

圖6-172

圖6-173

### 用法三，雙鞭壓肘。

是鑽裹踐、黏隨脫、撕崩捅的具體應用。如圖6-172、圖6-173所示。右手抓住對方右手腕，左手向對方肘

圖6-174 圖6-175

部向下抒砸。左右用法相同，動作相反。


### 用法四，上切下揀。

是鑽裹踐、黏隨脫、撕崩捅的具體應用。如圖6-174、圖6-175所示。對方出右手向我擊來，我接手制肘，隨即釋開右手用前臂的尺骨橫切對方脖頸處，左手順其身下抹揀拿右腿。左右用法相同，動作相反。


### 用法五，猛虎跳澗。

是鑽裹踐、黏隨脫、撕崩捅的具體應用。如圖6-176、圖6-177所示。對方出右手向我擊來，我用右手相黏接，隨即上左手欺壓對方，右手橫抽由下向上打前拋拳。左右用法相同，動作相反。

圖6-176

圖6-177

圖6-178

圖6-179

## 用法六，捩手虎撲。

是鑽裏踐、黏隨脫、撕崩捅的具體應用。如圖6-178、圖6-179所示。我用右手抓住對方右手腕，左手用尺

圖6-180

圖6-181

骨側向左外方捌旋，隨即用雙手發虎撲子。左右用法相同，動作相反。


### 用法七，雙托肘推掌。

是鑽裹踐、黏隨脫、撕崩捅的具體應用。如圖6-180、圖6-181所示。對方把我雙肘托起，我用合肘開手法縮身長手，隨即向下反拍對方胸部。有渾圓內勁時，能把對方懸空打起，有打人如拍球之感。


### 用法八，纏彎擠撞，也叫滾轉疊撞。

是鑽裹踐、黏隨脫、撕崩捅的具體應用。如圖6-182、圖6-183所示。我用雙手捌接對方時，要用遞肘騰手法，腕部裹纏，左右手合力擠撞對方。

圖6-182

圖6-183

# 附錄一
# 李雲龍傳略

　　吾師李雲龍，河北趙縣大東平人，生於1912年，逝世於1992年8月7日，享年81歲。先師4歲時，其父母到太原以開藥店行醫為生，因是祖傳中醫世家，醫術醫德在太原市南小牆一帶享有美名。抗日戰爭期間，其家所住四合院被飛機炸毀，1947年10月舉家遷往包頭市。

　　雲龍師家境富裕，自幼喜文樂武，1933年2月拜山西國民師範學校武術教官、八卦掌第三代傳人何玉波為師學習八卦掌；1940年6月拜形意拳嫡傳第十一代傳人李振邦（1864-1949）為師學習形意拳；1943年又拜太極名家楊澄甫入門弟子張欽林為師學習太極拳。

　　雲龍師酷受形意拳，為得真傳，曾把一代宗師李洛能之嫡孫李振邦請到家中，居家傳藝達四年之久。當時李振邦的得意弟子薛顛已離開天津國術館到太原，並早在1929年和1932年分別出版了《形意拳術講義》和《象形拳法真詮》兩書，可以說此時的薛顛無論拳理還是功夫均已達爐火純青之境。

　　1941年薛顛經常到雲龍家看望李振邦老師，其間對李雲龍（當時28歲）、胡躍貞、王延年、王錦全進行動作發勁傳授指導。受益最多的是李雲龍老師，他親眼目睹了薛

顛師兄在練五行、十二形時快如鬼魅的身法和捧奪撲撞的勁力，受益匪淺。後來薛顛由於參加反動會道門未得善終，1953年死於太原。

　　李雲龍老師1953年也被關閉審查。因其小妹李放在八路軍縱隊司令呂正操部下當通訊員，後在太原參加地下黨活動，專門從事印刷宣傳和藥品搜集工作。曾先後三次從雲龍表哥家的藥房收集戰場急救藥品，由李雲龍一同護送，用毛驢車運往郊往八路軍聯絡處。

　　當李放得知李雲龍被關閉審查後，趕緊找到已任鐵道部長的呂正操，說明李雲龍曾三次為我軍送藥品之事實。呂正操當即寫道：「李雲龍對革命有貢獻，不予審查。」雲龍師在戰亂的緊要關頭，有愛國愛民之舉，善行積德，保住了自己的性命。回家後把有關李振邦、薛顛、王延年等的有關練功資料照片及合影全部燒毀，失去了不可再得的珍貴資料。改革開放後的1980年，王延年在美國發出邀請函，高薪聘請他到美國和台灣傳授形意、八卦、太極拳，他果斷婉言謝絕。

　　雲龍師的形意拳、八卦掌、太極拳可謂已達三拳合一、拳道相合之境。形意八卦太極拳，陰陽暗合一圈含，言直言變言空妙，真傳工夫須下到。形意加八卦神仙一把抓，形意加太極圓轉就戳擊。他的真傳確有獨到之處，真實不虛，是不可多得的武學瑰寶。雲龍師好動善動而不輕動，有「閃電手」之稱，聞名而至者一經試手，無不敗北。但他武德高尚，從不傷人，為人謙和，任辱戒妄，不打誑語。晚年入佛道，修行有為，去世後安葬於包頭郊外的清淨寺，弟子們立碑以示懷念。

# 附錄二
# 李雲龍師拳術師承傳系表

## 一、李雲龍師形意拳師承傳系表

姬隆鳳　山西省蒲州（今永濟）人（創形意拳傳系字輩）　　　　　　　　　　　　　　　　　第一代

↓

姬　壽　　　　　　　　　　　　　　第二代
鄭某某　（不露名）
曹繼武　池州人

↓

馬學禮　河南人　　　　　　　　　　第三代

↓

馬三元　河南人　　　　　　　　　　第四代

↓

張　聚　河南人　　　　　　　　　　第五代
張志誠　河南人

↓

李　政　河南人　　　　　　　　　　　　　第六代

↓

戴隆邦　山西祁縣小韓村人　　　　　　　　第七代

↓

戴文英
戴文雄　戴隆邦之子　　　　　　　　　　　第八代
戴文俊

↓

李洛能　河北深縣豆王莊人，字飛羽，號老能　第九代

↓

車永宏
郭雲深
劉奇蘭
李太和　洛能之子　　　　　　　　　　　　第十代

↓

李存義
張占魁
劉德寬
李振邦　洛能之孫、太和之子　　　　　　　第十一代

↓

薛　顛　河北束鹿人（1877-1953），曾擔任天津國
　　　　術館教務主任、館長職務，著有《形意拳
　　　　術講義》《象形拳真詮》　　　　　　第十二代

王錦泉
呂鳳山

李雲龍　　內蒙古包頭人，祖籍趙縣，編有《拳法秘
　　　　　　要》手抄本，內部傳授

↓

李玉栓　　　　　　　　　　　　　　　第十三代

## 二、李雲龍師八卦掌師承傳系表

董海川　　河北文安人，創八卦傳系字輩　　　第一代
↓

尹　　福
劉德寬
梁振甫
程延華　　外號眼鏡程　　　　　　　　　　　第二代
↓

程海亭　　號有龍　　　　　　　　　　　　　第三代
何雨波　　山西國民師範學校武術教官
↓

李雲龍　　中國著名武術家、形意八卦太極拳名家

　　　　　　　　　　　　　　　　　　　　　第四代

↓

李玉栓

## 三、李雲龍師楊式太極拳師承傳系表

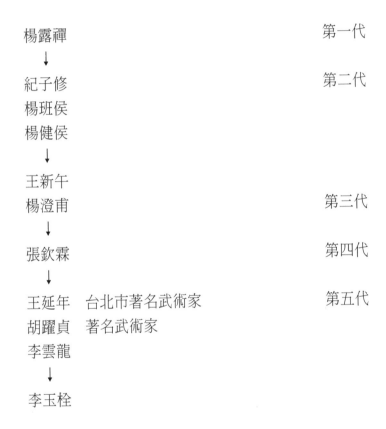

| 楊露禪 | | 第一代 |
| 紀子修 | | 第二代 |
| 楊班侯 | | |
| 楊健侯 | | |
| 王新午 | | |
| 楊澄甫 | | 第三代 |
| 張欽霖 | | 第四代 |
| 王延年 | 台北市著名武術家 | 第五代 |
| 胡躍貞 | 著名武術家 | |
| 李雲龍 | | |
| 李玉栓 | | |

## 四、李雲龍師岳氏八翻手師承傳系表

　　八翻手相傳是集岳式連拳和岳氏散手之精華，由少林高僧（不露姓名）傳於世間。經數代演練精選，有記載的

是由形意、八卦名家劉敬遠（字德寬）整理編創為八路拳
法，集少林、形意、八卦、太極、跤術之精華，其後人傳
承以劉德寬為第一代。劉德寬和李存義、張占魁同拜入形
意拳一代宗師李洛能的高足劉奇蘭門下。

李敬遠　字德寬，外號大槍劉，形意、八卦名家，
　　　　是劉奇蘭弟子　　　　　　　　　第一代
　　　↓

紀子修　楊露禪的高足　　　　　　　　　第二代
劉恩綬　字殿生，劉德寬高足
　　　↓

王新午　山西汾陽人，曾拜紀子修、吳鑒泉學太極
　　　　拳，特向劉恩綬學習八翻手　　　第三代
　　　↓

李雲龍　1930年在山西太原拜王新午為師學習太極拳
　　　　和八翻手　　　　　　　　　　　第四代
　　　↓

李玉栓

# 五、跤術師承傳系表

平敬一　保定人，十三太保、二十四勢「快跤」的創
　　　　始人　　　　　　　　　　　　　第一代
　　　↓

馬良　　　　　　　　　　　　　　　　　第二代
馬蔚然

白俊峰

尹長祿

王福田

張風岩

    ↓

常東升　南京國術館武術教官，外號「花蝴蝶」，逝世
　　　　於美國　　　　　　　　　　　　第三代

馬文奎　南京國術館武術教官

閻善義　南京國術館武術教官

楊瑞亭　號八郎，時人敬稱「楊八爺」

    ↓

李蘭田　得楊瑞亭、閻義義、馬文奎三師之真傳
　　　　　　　　　　　　　　　　　　　第四代

    ↓

李玉栓

# 導引養生功

## 張廣德養生著作　每冊定價 350 元

定價350元

定價350元

定價350元

定價350元

定價350元

定價350元

定價350元

定價350元

定價350元

定價350元

# 輕鬆學武術

定價250元

定價250元

定價250元

定價250元

定價250元

定價250元

定價250元

定價250元

定價280元

定價330元

# 太極跤

定價300元

定價280元

定價350元

# 彩色圖解太極武術

定價220元

定價220元

定價220元

定價220元

定價350元

定價350元

定價350元

定價350元

定價350元

定價350元

定價350元

定價350元

定價350元

定價220元

定價220元

定價220元

定價350元

定價220元

定價350元

定價350元

定價220元

定價220元

定價220元

# 太極武術教學光碟

**太極功夫扇**
五十二式太極扇
演示：李德印 等
(2VCD)中國

**夕陽美太極功夫扇**
五十六式太極扇
演示：李德印 等
(2VCD)中國

**陳氏太極拳及其技擊法**
演示：馬虹(10VCD)中國
**陳氏太極拳勁道釋秘**
**拆拳講勁**
演示：馬虹(8DVD)中國
**推手技巧及功力訓練**
演示：馬虹(4VCD)中國

**陳氏太極拳新架一路**
演示：陳正雷(1DVD)中國
**陳氏太極拳新架二路**
演示：陳正雷(1DVD)中國
**陳氏太極拳老架一路**
演示：陳正雷(1DVD)中國

**陳氏太極拳老架二路**
演示：陳正雷(1DVD)中國
**陳氏太極推手**
演示：陳正雷(1DVD)中國
**陳氏太極單刀・雙刀**
演示：陳正雷(1DVD)中國

**郭林新氣功**
(8DVD)中國

本公司還有其他武術光碟
歡迎來電詢問或至網站查詢
電話：02-28236031
網址：www.dah-jaan.com.tw

原版教學光碟

# 歡迎至本公司購買書籍

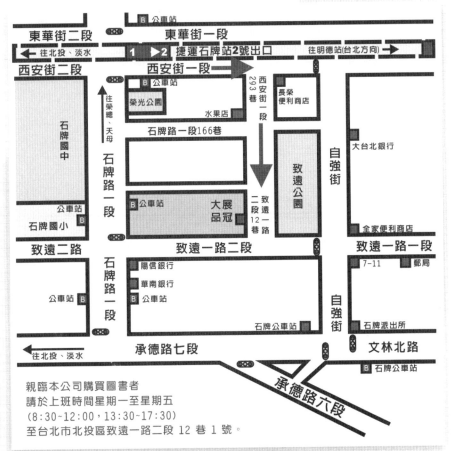

親臨本公司購買圖書者
請於上班時間星期一至星期五
(8:30~12:00,13:30~17:30)
至台北市北投區致遠一路二段 12 巷 1 號。

建議路線
1.搭乘捷運‧公車
　　淡水線石牌站下車,由石牌捷運站2號出口出站(出站後靠右邊),沿著捷運高架往台北方向走(往明德站方向),其街名為西安街,約走100公尺(勿超過紅綠燈),由西安街一段293巷進來(巷口有一公車站牌,站名為自強街口),本公司位於致遠公園對面。搭公車者請於石牌站(石牌派出所)下車,走進自強街,遇致遠路口左轉,右手邊第一條巷子即為本社位置。

2.自行開車或騎車
　　由承德路接石牌路,看到陽信銀行右轉,此條即為致遠一路二段,在遇到自強街(紅綠燈)前的巷子(致遠公園)左轉,即可看到本公司招牌。

國家圖書館出版品預行編目資料

---

拳道述真／李玉栓　編著
——初版，——臺北市，大展，2013〔民102.05〕
面；21公分 ——（武學釋典；12）
ISBN　978－957－468－945－3（平裝）
1.拳術
528.97　　　　　　　　　　　　102004239

**【版權所有 · 翻印必究】**

# 拳 道 述 眞

編　　著／李玉栓
責任編輯／朱曉峰
發 行 人／蔡森明
出 版 者／大展出版社有限公司
社　　址／台北市北投區（石牌）致遠一路2段12巷1號
電　　話／（02）28236031·28236033·28233123
傳　　眞／（02）28272069
郵政劃撥／01669551
網　　址／www.dah-jaan.com.tw
E－mail／service@dah-jaan.com.tw
登 記 證／局版臺業字第2171號
承 印 者／傳興印刷有限公司
裝　　訂／建鑫裝訂有限公司
排 版 者／弘益電腦排版有限公司
授 權 者／北京人民體育出版社
初版1刷／2013年（民102年）5月

定 價／220元

大展好書　好書大展
品嘗好書　冠群可期

大展好書　好書大展

品嘗好書　冠群可期